Spuren des Bewegtseins

ISBN 978-3-906318-39-4

integralmovement.ch

Martin Schmid

Spuren des Bewegtseins

Episoden aus der Welt der Bewegung

Inhaltsverzeichnis

Die Episode generiert nicht Wissen über Fakten und generelle Aspekte der Welt, sondern erinnert an persönliches, individuelles Erleben. Die Episode beschreibt einen individuellen Einzelfall. Das Periodische und das Allgemeine sind ihre Gegenstücke. Die Episode ist ein Hinzukommendes, meist eine Nebenhandlung. Sie kann ohne vorherige oder folgende Episode auskommen, ist in sich abgeschlossen und stellt etwas vor, was erst übergeordnet das Ganze gestaltet. Nicht selten jedoch macht sie dabei im Erzählfluss bereits Verknüpfungen von scheinbar nicht kausal Zusammenhängendem und ist daher, obwohl punktuell, auch bereits kokreierender Ausdruck einer vernetzenden Gesamtbewegung. Den nicht dabei Gewesenen bietet sich in Erzählungen von Episoden die Gelegenheit, die Selbstwahrnehmung des Involvierten zum Zeitpunkt des Erlebens und des Erzählens zu erkunden, wobei diese beiden verschiedenen und sich vereinenden Zeitpunkte bereits eine kreative Spannung kreieren. Vielmehr aber noch bietet der Erzählstil an, die Episoden mit eigener Erfahrung zu verknüpfen und somit ein viel Größeres als das Individuelle und Punktuelle sichtbar zu machen. So generiert die Episode doch Wissen über Fakten und Aspekte, aber über die Welt des Unsagbaren: Unsagbar nicht daher, weil sie in anderen Sphären weilte, sondern weil sie schlicht und einfach nicht existiert, bis sie im konkreten Moment des Begegnens von Vergangenheit und Gegenwart, von Erzählenden und Zuhörenden als Raumfluss und Gesamtbewegung entsteht.

– Prof. Dr. Dr. Lukas Semmelwein

Viele Vorworte

Sind Vorworte wie Vororte? Das, was man sieht, bevor man ins Zentrum kommt? Meist sind sie ja nicht die schönsten Orte, oder die spannendsten. Ich halte mich daher kurz.

Aber ich muss den Gedanken doch noch kurz weiterspinnen, sonst hätte ich ihn nicht beginnen müssen. Sind die Vororte nämlich schön, hält man sich vielleicht darin auf, und vielleicht kommt man nie bis ins Zentrum. Vielleicht ist das auch kein Verlust. Vielleicht gibt es auch gar kein Zentrum.

Ich glaube, diese Episoden sind Vororte.

Nun erst einmal: Es geht in dieser Sammlung von Episoden nicht um mich. Es geht darum, was Bewegung so alles bewegen kann, wenn sie tatsächlich ein Weg ist. Exemplarisch aufzeigen soll sie. Es geht aber vor allem darum, was diese Exemplare in der Leserin/ im Leser bewegen.

Da wir dies geklärt haben: Für alles gibt es eine Zeit. Sagt man. Es gab eine Zeit, in welcher ich mir monatlich Geschichten aus meiner Bewegungswelt notierte. Es war die Zeit der Werkstatt, eines Bewegungsraums, den ich geleitet hatte, mit einer begleitenden App. In jener App zu jener Zeit erschienen die meisten der Geschichten, die hier versammelt sind.

Die Werkstatt ist nicht mehr. Das ist gut so. Denn ich bin nomadisch, so wie meine Bewegung. Ein Fluss, der sich immer weiter bewegt. Ein Bewegungsfluss. Die Immobilie war mir zu immobil. Ich reise mit leichtem Gepäck. Mein Setting, um Bewegung zu vermitteln, muss im Freien sein. Meine Erfahrung von Bewegung ist die des Eingebundenseins und des Bewegtwerdens.

Die App ist auch nicht mehr. Sie war an die Werkstatt gebunden und wurde damit obsolet. Was geschieht also mit den Geschichten? Soll etwas mit ihnen geschehen? Haben sie einen Wert?

Genau das mögen die geneigten Leserinnen und Leser selbst entscheiden. Ich weiß nur, dass sich die Geschichten immer großer Beliebtheit erfreuten und viele positive Reaktionen generierten.

Das Leben ist noch nicht fertig, und damit mein Bewegungsweg auch nicht. Aber für den Moment zumindest ist das erste Bündel Geschichten erzählt. Es drängen keine neuen an die Oberfläche, obwohl ich natürlich fortlaufend neue erlebe und auch weiterhin schreibe, als ginge es um mein Leben. Vielleicht braucht es wieder einen guten Abstand, um neue Episoden zu teilen.

So finden offene Spurenleser und Spurenleserinnen hier Geschichten versammelt, auf die ich zurückblicken kann, und die zum Teil weit zurück reichen. Auf dass sie als Fährten zu neuen Orten der Gegenwart führen.

Martin Schmid, 2021

Den Tiger umarmen und zum Berg zurückkehren

Wir waren einfach so von Ladakh im indischen Himalaya nach Kalifornien geflogen, mit einem Zwischenstopp in Hong Kong. Es wäre uns nicht in den Sinn gekommen, uns bei Chris vorher zu melden. War aber auch nicht so einfach in jenen Tagen der Prä-Internet-Zeit. In Los Angeles hatten wir den Zug genommen und waren nach Solana Beach gefahren. Hatten die Schule gefunden. Waren mit unseren Himalaya-Rucksäcken und zerrissenen Klamotten einfach reingelatscht, mitten in eine Privatstunde.

Ach, das Geschenk der Jugend. Einfach tun, ohne groß zu überlegen und zu planen.

Chris hatten wir schon gekannt, er war schon in der Schweiz gewesen, um Push Hands zu unterrichten. Er hatte uns so Eindruck gemacht, dass wir beschlossen hatten, zu ihm zu gehen. Jetzt waren wir in Kalifornien, und er glücklicherweise auch. Er hätte auch gerade irgendwo sein können, dann wäre Solana Beach unser Nirgendwo gewesen.

Von nun an durften wir zuschauen, in seiner «Senior Advanced Class». Sie waren die letzten, die kamen, nach allen Klassen am Morgen und am Abend, bei denen wir mitgemacht hatten. «Senior Advanced», das klang schon sehr eindrücklich. Und was wir, meine Frau und ich, sahen, war es auch. Nicht so sehr das Können, sondern das Wollen. Wenn mir eines klar wurde, in den Wochen, in denen ich nur zuschaute, bis wir dann auch als Gäste in die Senior Advanced Klasse eingeladen wurden, war es, wie verschieden Push Hands sich verkörperte. Einerseits hatte dies mit den Fähigkeiten zu tun, andererseits mit der Statur, und vor allem mit der Persönlichkeit. Durch jeden und jede entfaltete es sich anders. Manchmal harmonierte diese Andersartigkeit, manchmal kollidierte sie auch. Immer aber war ein Geist zu spüren, etwas über sich selbst Hinausweisendes verwirklichen zu wollen, nicht bloß sich selbst.

Dieses Zuschauen und das Entdecken der Andersartigkeit hat mich zutiefst geprägt. Hätte ich von Beginn an einfach Patterns, sich wiederholende Mikro-Formen zu zweit gelernt, hätte sich etwas ganz Anderes daraus entwickelt. Doch diese Diversität im gemeinsamen Ausgerichtet-Sein, das wohlwollende Anders-Sein, die bunte Gemeinschaft, hat mich für immer verändert.

Als wir dann selber mitmachen durften, wurde mir auch klar, was für ein persönliches Bemühen dahinter steckt. Das eigene Ich nicht in den Vordergrund zu stellen, sondern den Fluss, das Einssein im Zweisein, die eigene Struktur zu behalten und sie gleichzeitig zu verbinden, das ist Arbeit. Kultivations-Arbeit, persönliche Arbeit.

Oftmals sind ich und meine Frau unter den Palmen an unserem Übungsplatz gesessen und haben geweint, einfach so. Weil es so schön war, und weil es so anspruchsvoll war. Durch die Körperarbeit – acht bis zehn Stunden täglich, ein halbes Jahr lang – lösten sich in den Tiefenschichten Dinge, die sich manchmal im Lösen offenbarten, oftmals aber auch dann noch unerkannt blieben und erst im Rückblick sich zeigten. Dadurch, dass sie fehlten.

Ich blicke dankbar auf eine Gemeinschaft zurück, die es in den neunziger Jahren so gab. Sie hatten uns wirklich geliebt, die zwei frisch Verheirateten aus der Schweiz, die eine ganze Weile gebraucht hatten, um herauszufinden, wie man das Wort «Sword» ausspricht. Und ich frage mich, was aus ihren Einzelnen wohl geworden ist. Ich weiß nur, was aus mir und meiner Frau geworden ist. Menschen, die immer noch werden, unaufhaltsam. Wenn erwachsen werden bedeutet, dass man sich im Leben einrichtet, dann sind wir noch nicht erwachsen geworden. Tag für Tag «investiere ich ins Verlieren», wie es Cheng Man-ch'ing formuliert hatte, dessen Linie in jener Klasse weiterverfolgt wurde, und die ich im Grunde immer noch kultiviere, auch wenn andere Flüsse daraus entstanden sind. Ich stolpere vorwärts, tappe visionär im Dunkeln, verliere meine Struktur und finde sie wieder... Damals, an jenem ersten späten Abend, als die Seniors praktizierten und wir zuschauten, geschah mein Tiger-Moment. Der Moment, der einen endgültig auf die Reise schickt, und bei dem es keine Rückkehr mehr gibt. Auch wenn es im Taiji heißt, «den Tiger zu umarmen und zum Berg zurück zu kehren», und ich diese Position täglich praktiziere: Es ist ein Prozess, der nie zu Ende ist.

Unsere Reise hatte damals in den Bergen begonnen, im Himalaya. Seitdem umarme ich den Tiger. Seitdem kehre ich zurück. Zum Berg, zu meiner inneren Kraft, zu meiner Unerschütterlichkeit.

Hallende Stille

Einmal, in Korsika, an einem lauen Herbstabend. Unser Grüppchen hatte sich zusammengefunden, um zu speisen, zu reden, zu lachen und zu diskutieren. Eine Diskussion zwischen einer Teilnehmerin und einem Teilnehmer wurde engagierter. Über was sie diskutierten, weiß ich nicht mehr. Auf dem Höhepunkt, das heißt kurz vor der Eskalation, an jener Stelle, an der man eingestehen müsste, dass man eigentlich über gar nichts diskutiert hat, sondern nur seine Position verteidigte, also einen Standpunkt einnahm statt sich zu bewegen, wurden sie und wir alle still.

Die Stille dauerte eine Stunde. Sie war nicht bedrückend. Sie war einfach still. Und bewegend.

Kürzlich hatte mich ein Teilnehmer von damals darauf angesprochen. «Weißt du noch damals, in Korsika vor so vielen, zehn oder mehr Jahren, diese Stille.»

Ich wusste noch. Sie hallt nicht nur in ihm noch lange nach.

In einer Ausbildung, ein paar Jahre vor dieser Stille, hatte ich schon einmal etwas Ähnliches erlebt. In einer Gruppe von etwa 75 Leuten hatten wir eine psychodynamische Übung gemacht. Ich erinnere mich nicht mehr an die Übung selbst. Ich erinnere mich, wie wir danach alle am Boden saßen und die Lehrer und Assistenten den Wänden entlang auf Stühlen. Es kam die Zeit für ein «Sharing», die Gelegenheit zum Erlebnisbericht und Austausch.

Niemand sagte etwas. Alle waren still. Nicht, weil es nichts zu sagen gegeben hätte. Wir waren gemeinsam still, weil es die richtigste Form des Austausches war. Weil wir damit die Tiefe und Fülle des Lebens und der Gemeinschaft ausloteten.

Gemeinsam still. In diesen Formen der Stille fand der Dialog am Ende der Diskussion statt. Ein Dialog, der bis heute wirkt.

Manchmal ist es das größte Geschenk, wenn man gemeinsam still sein kann.

Ein Geschenk nenne ich das deshalb, weil beide Situationen nicht geplant waren. Es waren keine «Silent Retreats», bei denen Stille das Gebot waren. Diese habe ich auch erlebt, doch ironischerweise war das größte Geschenk in einem solchen Retreat das Geschenk eines (verbotenen) Gesprächs («Das darfst du nicht», waren ihre ersten Worte. Gibt es einen besseren Einstieg in ein Gespräch), draußen, auf der Parkbank, bis in alle Nacht.

Das Wichtige ist, offen zu sein, damit solche Momente Gestalt annehmen können. Das Unerwartete erwarten, ohne es anzustreben oder konstruieren zu wollen. Manchmal finden wir Stille in der Weite des Horizontes oder im Rauschen des Windes. Manchmal finden wir sie im größten Durcheinander einer Großstadt. Wir können sie überall finden, weil sie unser Fundament ist. Sie ist immer da.

Und wenn diese Stille, die immer da ist, in Gestalt eines anderen Menschen auf uns zukommt, ist dies das größte Geschenk. Den eigenen innersten Kern in den Augen eines anderen Menschen zu sehen, in einer Berührung zu spüren, im Atem des Anderen zu hören. Werden wir gemeinsam still, verschwindet die oberflächliche Trennung zwischen uns. Die Unendlichkeit wird Gegenwart, die Erinnerung wird Zukunft, ein kurzer Moment währt immer und bringt die Ewigkeit in Schwingung. So werden wir unsterblich.

Denn das waren wir schon immer.

Öffne mich

Kürzlich saß ich im Zug, als eine alte Dame durch den Waggon gewackelt kam und vor mir stehen blieb. Sie streckte mir zitternd eine PET-Flasche Rivella (unser Nationalgetränk) entgegen und frage mich: «Könnten Sie mir das öffnen? Sie sehen nach mehr Kraft aus als ich.»

Ich lachte und öffnete die Flasche für sie. Sie bedankte sich herzlich und wackelte wieder davon. Während eine junge Frau neben mir «so süüüüüß» hauchte, schaute ich ihr nach und stellte fest, dass sie einen weiten Weg zu mir gewackelt war, durch den ganzen Waggon und dann noch weiter. Sie ist dabei an Dutzenden von Menschen vorbeigegangen, die auch «nach mehr Kraft» ausgesehen hätten, jedenfalls in meiner Wahrnehmung.

Was hat sie dazu bewogen, mich auszuwählen? Vielleicht war sie ein Engel, und nur unterwegs, um mich wissen zu lassen, dass es einen Platz für mich im Leben gibt. Ich werde mich daran erinnern, sollte ich jemals wieder einmal meinen Platz suchen und nicht finden.

Ich könnte mich geehrt fühlen, dass sie mich auserwählt hatte. Für mich war es jedoch eher ein Moment des Scheiterns. Meine Praxis ist eigentlich, nicht «nach mehr Kraft» auszusehen, schon rein körperlich nicht. Das hat seinen Ursprung in den Kampfkünsten, wo es förderlich ist, wenn man nicht auffällt. Aus der Masse dermaßen herauszustechen ist nicht in meinem Sinn. Aber scheitern ist okay. Es ist meine tägliche Praxis.

Scheitern ist ein interessantes Wort. Es kommt von

«in Stücke brechen», wie ein Scheit Holz, das gebrochenes Holz ist. Differenzieren, ein wichtiges Verb der Kultivationsdynamik, trägt dieses Scheitern in sich. Wir müssen erst differenzieren, was wir integrieren wollen. Und das ist nicht immer angenehm.

Ich wäre gerne der daoistische ungehobelte, naturbelassene Holzklotz, den niemand beachtet und der deshalb seinen Frieden hat.

Durch meine Taiji-, Qigong- und Yoga-Praxis lerne ich zu scheitern. Erfolgreich zu scheitern. Das praktiziere ich seit Jahrzehnten. Jede Taiji-Form, jede Qigong-Bewegung, jeder Yoga-Fluss, jede integrale Bewegung ist, wenn sie gelingt, ein erfolgreiches Scheitern. Nicht weil die Bewegungen nicht perfekt sind (obwohl sie das nicht sind), sondern weil immer differenziert wird. Weil es nicht das Ende ist. Und weil das Scheitern in der Natur der Sache liegt. Jeder Versuch zum Handstand ist, früher oder später, ein erfolgreiches Scheitern. Für ein paar Sekunden Erfolg braucht es Hunderte von Stunden des erfolgreichen Scheiterns. Ein Scheitern, das weitergeht. Scheitern als differenzieren, das subtilisiert wird, verwesentlicht.

Man mag es mir manchmal ankreiden, dass ich, neben allen Kulturen, auch die unsere als Schatz der Weisheit sehe. Ich unterrichte eine Qualität von Bewegung, ein Verb der Integraldynamik, und dann kommt mir ein Beispiel aus unserem kulturellen Schatz in den Sinn. Ich bringe es, und die Antwort darauf ist, ob man sich hier jetzt auch mit dem Christentum befassen müsse (wohingegen Daiosmus, Buddhismus und Hinduismus immer willkommen sind). Nein, natürlich nicht. Aber mit sich selbst. Jetzt kommt mir gerade ein Beispiel aus unserer Kultur in den Sinn: Als Jesus einen Taubstummen heilt, sagt er: «Effata!». «Öffne dich!» Und obwohl mir das Beispiel in den Sinn kommt, bin ich kein Missionar, nicht einmal ein Frommer.

Öffnen heilt. «Könnten Sie mir das öffnen? Sie sehen nach mehr Kraft aus als ich.»
Warum nicht?
Also lasse ich die Vorstellung los, die ich aus der Kampfkunst mitbringe, nicht aufzufallen. Ich bin doch einfach der, der ich bin. Eine Vorstellung loszulassen, eine Idee, ein Konzept, selbst ein gutes Konzept, führt zu einem Öffnen.

Ich habe mal ein Gedicht geschrieben, das so endet:

so lass uns Mensch sein Freund und Fremder
ohne zögern und verstecken
um im Mosaik des Einen
zu werden
zu leuchtenden Steinen

Danke, alte Dame, dass Sie nicht gezögert haben und mich dadurch ein wenig mehr geöffnet haben. Wir sind Steine im selben Mosaik.
Und haben jetzt eine gemeinsame Geschichte.

Lichtgestalten oder Licht gestalten?

Ich erzähle manchmal eine Geschichte aus dem traditionellen Zen-Fundus: Ein Mönch meditierte, kam aber nicht zur Ruhe, weil ihn immer eine gigantische Spinne störte und ängstigte. Er erzählte dies seinem Meister, worauf dieser ihn anwies, mit einem Tuschpinsel zu meditieren und das nächste Mal, wenn die Spinne erscheint, ihr einen Kreis auf den Bauch zu malen. Das würde die Spinne vertreiben. So meditierte der Mönch mit einem Tuschpinsel neben seinem Kissen, und als die Spinne wieder auftauchte, nahm er all seinen Mut zusammen und malte ihr einen großen Kreis auf ihren fetten Spinnenbauch. Die Spinne verschwand, und der Mönch konnte in Ruhe zu Ende meditieren. Als er die Augen ganz öffnete, sah er einen großen, runden Kreis auf seinem Bauch. Er hatte sich selber einen Kreis gemalt.

Lustigerweise hatte ich in einem Zen-Retreat auch ein Spinnen-Erlebnis, das wohl nie in den traditionellen Zen-Fundus eingehen wird. Doch ich möchte etwas ausholen, wir werden die Spinne wieder aufholen.
Meine Eltern hatten mannigfaltige Verbindungen zu Indien. Ich kann mir vorstellen, dass ich zu einer anderen Zeit von Mister Ramm erzählen werde, oder vom Tempel meines Vaters. Von der Dame, von welcher ich jetzt erzähle, weiß ich den Namen nicht mehr, aber es war sicher nicht Frau Ramm, weil Mister Ramm arm war und nicht mit seiner Frau in die Schweiz reiste, wie jene Dame, die mit ihrem Mann zu Gast war bei meinen Eltern. Als ich und meine Frau sie bei meinen

Eltern besuchen gingen, hatten sie uns schon ankommen sehen, und die kleine indische Frau stand in der Wohnungstüre, strahlte, winkte und wiederholte unaufhörlich: «Welcome, welcome. Come in, come in!» Es war köstlich, denn es war, als würde sie uns in ihr Zuhause einladen, dabei war es ja eher unser Zuhause.

Jedenfalls schien mir das Eindruck gemacht zu haben, denn jetzt, in den Anfängen meiner Erfahrung mit Zen-Meditation, hieß ich jeden Gedanken mit «welcome, welcome, come in, come in» willkommen. Das half, um die Gedanken nicht von mir zu weisen, was eine erhöhte Aktivität gewesen wäre, wohingegen dieses «welcome!» ein kleiner Aufwand war.

Nun. Als ich eines Abends in meinem kargen Bettchen im kargen Kämmerchen lag, hatte ich das Gefühl, dass um meine Matratze herum große Spinnen kriechen würden, und als ich das Licht hastig anzündete, war da keine Spinne, auch nicht eine winzige und einzige.

«Welcome, tief verborgene Psychose, die sich nun den Weg in die Manifestation bahnt», dachte ich in 0815-psychoanalytischer Hobby-Logik, und wies daher das Bild der Spinnen, das die ganze Nacht immer wieder auftauchte, von mir.

Am nächsten Tag tauchte eine ungemein große Spinne in der Meditation immer wieder hinter meinem Rücken auf. Eine nur, aber sie war größer als ich. Ich wies sie eine Weile von mir, bis ich aufgab, und sie das nächste Mal, als sie wieder auftauchte und mich mit ihren langen, spitzen, haarigen Beinen einhüllte, willkommen hieß: «Welcome, welcome, come in, come!»

Die Spinne begann schnell, auf meiner Vorderseite mit ihren scharfen, spitzen Beinen mein Fleisch auseinander zu reißen. Ungefähr so, wie wenn ein Hund eifrig buddelt, nur waren es jetzt viel mehr Beine. Sie trug Schichten ab – die Einzelheiten lasse ich hier jetzt weg, und es ging auch sehr schnell – bis darunter eine Lichtgestalt hervorkam. Sie hatte mich quasi geschält wie eine Zwiebel, und nun saß da eine Lichtgestalt.

«Hm!», dachte ich, und wollte diese Gestalt schon genauer betrachten, als ein *Klack* uns das Zeichen gab, aufzustehen und im Kreis zu gehen. So wurde ich aus der Betrachtung gerissen, bevor sie begonnen hatte. Keine erhabenen Botschaften oder Einsichten, keine Mythologie, keine Offenbarung. Vorbei war es mit dem Anhaften an eine Lichtgestalt. Und das war eine wunderbare, befreiende Erfahrung! Denn ein Anhaften wäre es gewesen, kein Loslassen, kein Leerwerden. Das Timing der Spinne war perfekt gewesen, so kurz vor dem Klack. Ich hatte in Sekundenbruchteilen gelernt, dass man auch dem Licht anhaften kann. In der Meditation geht es darum, mit keinem Objekt eine Identifikation einzugehen. Also ließ ich sie los, diese und alle Lichtgestalten, und kann stattdessen mit meinen freien Händen Licht gestalten.

So ließ ich danach auch das «Welcome, welcome» los und saß in Stille. Ohne Spinne, ohne Lichtgestalt, ohne Frau Inderin. Und ohne Mister Ramm, von dem ich ein andermal erzählen werde.

Die Poesie des Werdens

Wenn ich mich weit zurück erinnere, erinnere ich mich an eine Bewegung. Aber nicht eine von mir, sondern das Kopfschütteln meines Lehrers in der dritten Primarschule. Er musste mich eine Weile beobachtet haben, im Schwimmbus auf der Heimfahrt. Während andere Kinder sich miteinander Duelle des Lebens lieferten, wechselte ich hin und her zwischen der in mich selbst versunkenen pantomimischen Nachahmung von Tieren und linearen Roboter-Bewegungen. Es musste in der Tat sehr seltsam ausgesehen und meinen Lehrer ratlos gemacht haben.

Das ist eine exemplarische Situation, deren ganze Tragweite mir erst viele Jahre später bewusst wurde. Denn sie zeigt, wie ich lerne. Nicht aus Büchern, nicht nach Lehrplan, nicht, indem ich Wissen ansammle. Sondern indem ich die Dinge verkörpere und erspüre.

Wenn ich wissen wollte, wie sich jemand fühlt, habe ich mich jeweils wörtlich in die andere Person versetzt. Ich habe gesprochen wie sie, ich habe mich bewegt wie sie. Und habe mir somit einverleibt, wie es in der Person aussieht. Und konnte dadurch eine mir vernünftig scheinende Antwort generieren. Vernunft war für mich nie etwas Rationales, geschweige denn etwas Konventionelles, sondern etwas Empfindbares: die Fähigkeit, zu vernehmen. Wahrzunehmen. Heute versetze ich mich immer noch so in Menschen. Nicht mehr so äußerlich, sondern subtiler. Das Prinzip ist aber immer noch dasselbe.

Der Lehrer im Bus war aber nicht der einzige, bei dem ich Kopfschütteln ausgelöst hatte. Mein Lehrer für Bewegungs-Improvisation schüttelte nicht nur den Kopf. Er schüttelte alles, was er hatte, und zwar in einem roten Wutausbruch an seiner Trommel. Er hatte so friedlich getrommelt – dum dum dum dum – und wir, 20 Jungs von etwa 17 Jahren, hatten sich dazu bewegt – dum dum dum dum. Schüttel schüttel, die Arme schlaff, die Schultern nach vorne fallend. Rhythmisch einsackend. Die meisten jedenfalls. Ich war vor lauter Bewegungsfreude eher schwisch schwasch schwibedim schwabedum ding doing... Und so weiter, ich hoffe, du weißt wie ich meine. Das Ganze auch noch recht differenziert, weil ich mich bereits 17 Jahre intensiv mit Bewegung befasst hatte. Der Lehrer interpretierte das als Alberei oder Parodie und brach aus seinem friedlichen Dumdum in einen Wutausbruch aus. Ein Clown sei ich, und ich soll jetzt damit aufhören, gopfertoori!

Dum dum dum dum...

An einer schauspielerischen Fortbildung nahm mich der Schauspiel-Lehrer einmal beiseite und probte mit mir eine kurze Szene: Er würde mich an einem Ohr packen und mich daran herumzerren. Ich würde seine Hand greifen, die an meinem Ohr zerrt, und ich würde vor Schmerzen schreien und mich wehren. Der Trick an der Sache war, dass ich selbst mein Ohr ergriff und er meine Hand, womit er nur meine Hand führte. Doch das war um Tumult nicht sichtbar. Die Mitteilnehmer waren schockiert, als wir das spontan machten, und auch als wir es auflösten und den Trick zeigten, glaubten sie mir nicht, dass ich keine Schmerzen verspürt hatte. Sie. Glaubten. Es. Mir. Nicht.

So lernte ich über die Kraft der körperlichen Präsenz. Sie kann Wirklichkeit verdichten, und sie kann Illusionen hervorrufen.

Ich habe mich nie als Clown gesehen, ja mich dagegen gewehrt. Ich hatte schon damit aufgehört, ein Clown zu sein, bevor ich damit begonnen und meinen Bewegungs-Improvisationslehrer zu einem spontanen Ausbruch motiviert hatte. Ein Clown, das war für mich ein oberflächlicher Herum-Alberer. Wenn schon war ich ein Narr, der als Einziger dem König sagen durfte, was Sache ist.

Erst in letzter Zeit ist mir das Bild des Clowns wieder in den Sinn gekommen. Das Bild des Menschen, der mit einfachen Gesten, ja mit fast nichts, eine komplexe Wirklichkeit in Poesie verdichtet, die uns zugleich lachen und weinen lässt. Welcher der Schwere eine verletzliche Leichtigkeit geben kann, ohne sie zu überspielen. Welcher Dunkelheit in Licht verwandelt, uns mit seiner Einsamkeit in unseren Herzen berührt und damit eine heitere Verbindung schafft.

Man hat mich auch schon einen Bewegungspoeten genannt. Und das ist doch eigentlich ein Clown auch. Und so nimmt mein Leben, Jahrzehnte nach der Aufforderung, mit dem Clown-Sein aufzuhören, eine unerwartete Wende: Ein Clown möchte ich sein, möchte ich werden.

Wir müssen viel lassen, bis wir sind, wer wir sind. Wieder lasse ich etwas los. Diesmal nicht ein Image, sondern ein Nicht-Image. Das Bild eines Nicht-Clowns löst sich auf, ich kann einen neuen Aspekt meines Lebens umarmen und werden, was ich schon immer war.

Ein Fluss ohne Grenzen

Ich bin eigentlich multikulturell aufgewachsen. Und das in der schön behüteten Schweiz. Von den Indern in der Wohnung unter uns habe ich schon erzählt (siehe *Lichtgestalten oder Licht gestalten*). Man roch, wenn sie da waren, und zwar sehr weit. Denn mindestens einer von ihnen, Mister Ramm, war der Koch – und tat den ganzen Tag nichts Anderes, als Koch zu sein.

Ich erinnere mich an eine Weihnacht, an der es von unten indisch duftete, und indische Süßigkeiten hatten es bis zu uns nach oben geschafft. Ich frage mich noch heute, ob ich von diesen Dingern nicht eine Silberbelastung davongetragen habe, so silbern glänzten sie auf der Oberfläche, und so viele aß ich von ihnen. Die kroatischen Nachbarn waren auch da und hatten ihre Süßigkeiten (ohne Silber, dafür mehr Vanille) mitgebracht, bei uns zu Gast waren neben der Familie noch ein südamerikanischer Gitarrist (samt Gitarre natürlich, oh welch subtile Linien er ihr entlockte) und eine schwarze amerikanische Opernsängerin mit einer riesigen Frisur, riesigen Lippen und riesigen Brüsten, an welche – Busen *und* Lippen – sie mich, den Jungen von vielleicht neun Jahren, gerne drückte und mir dabei fast den Atem raubte. Clementine. Was für eine Erscheinung der eben anbrechenden achtziger Jahre. Zu meinem Entsetzen war sie samt Opern-Arie gekommen, begleitet von meiner Klavier spielenden Tante.

Es waren also kulturelle Wurzeln vorhanden, aber die reichten nicht weiter als zu den klassischen Komponisten, und von spirituellen oder religiösen Wurzeln zeugte an jenem Abend nur das Jesuskind, das in seiner Krippe lag und nichts Anderes tat, als unter den Geschenken zu verschwinden.

Als ich einst mit anderen an einem Konzert war, horchte eine Kollegin plötzlich auf. Das Lied, das hier die Korsen, der Sizilianer und der Franzose vortrugen – lass mich das nochmals betonen: die singenden Korsen, der trompetende Sizilianer und der ohne Ende bandoneonende Franzose – war ein tibetisches Mantra zur Göttin Tara. Diese Konstellation an sich ist ja schon recht multikulti. Das war denn auch bereits in diesem Jahrtausend. Aber es kommt noch die Pointe: Sie – die Schweizer Kollegin, nicht Tara – singe dieses Mantra mit ihren Kindern, wenn diese weiblichen Schutz bräuchten.

Und ich hatte bis anhin geglaubt, multikulturell aufgewachsen zu sein. Bei mir zu Hause gab es aber keine tibetische Göttin, die man anrief beziehungsweise ansang, sondern nur ein Gebetchen zum lieben Schutzengelein, obwohl irgend eine hinduistische Göttin mit geschätzten acht Armen – ich hatte sie in all den Jahren nie gezählt – in einer Nische über dem Kamin im Tanz erstarrt war, aber das tat sie nur zur Zierde. Ein reines Zeugnis postmoderner Zuneigung, welche Inhalte auf Ästhetik reduziert.

Suchen wir uns unsere Wurzeln selbst aus? Oder sind sie etwas Gegebenes? Ich mache Taiji und Qigong. Macht mich das zum Daoisten? Macht mich Yoga zum Hinduisten oder Vedanten? Wenn ich aus dem Fenster schaue, sehe ich in der Ferne einen Kirchturm. Ja, ich habe sogar mal bei der Kirche gearbeitet, der Papst war quasi mein Boss. Macht mich das zum Christen? Was und wo sind die Wurzeln, in welche ich meine Wurzeln setzen kann? Denn wenn ich meine individuellen Wurzeln in kollektiven Wurzeln verwurzeln kann, gründen sie doch viel tiefer? Eine gute Sache also.

Ich habe zwei Orte relativ in der Nähe (das heißt nicht in China, nicht in Indien), an welchen ich kulturelle Wurzeln finde, in die ich verwurzeln kann. Der eine Ort ist unser Platz unter den Pinien am Strand in Korsika. Hier kann ich in längst Vergangenes verwurzeln, das so vergangen ist, das es zeitlos wurde und immer gegenwärtig ist: eine Tradition der Stille. Es ist das tiefe Begegnen mit der Natur, welche das ermöglicht.

Der andere Ort ist Assisi. Hier ist es das Begegnen mit Menschen heute und aus vergangener Zeit, mit unterschätzten oder verschwiegenen Power-Paaren unserer Vergangenheit und mit den kulturellen Zeugnissen in ihrer ganzen Schönheit, Vielschichtigkeit und Widersprüchlichkeit.

Trotzdem bin ich auch mit Indien und China verbunden. Denn meine westlichen Lehrer trugen tiefe Beziehungen zu indischen und chinesischen Lehrern im Herzen, und gute Lehrer vermitteln nun mal nicht nur Yoga oder Qigong oder Taiji, sondern übermitteln in erster Linie diese Beziehung. Die Traditionen sind nicht so sehr eine Linie von Methoden und Systemen, von Ideen und Konzepten. Nein, es sind Linien von Beziehungen. Verbindungen von Mensch zu Mensch, die über den einzelnen Menschen hinaus reichen. Eine Linie der Liebe.

Der wichtigste Ort für meine Wurzeln ist im Herzen.

Jeder Lehrer bringt nicht nur diese Liebe, sondern auch etwas von der Eigenart und Einzigartigkeit seiner Lehrer mit in seine Beziehung zu seinen eigenen Schülern. Mein eigenes Vermitteln ist voll davon. Und so fühle ich mich weit zurück in die Vergangenheit verbunden mit Menschen aus verschiedenen Zeiten und Kulturen. Und nicht nur in die Vergangenheit. Sobald ich unterrichte, fühle ich mich in die Zukunft verbunden. Mit Menschen. Mit Weggefährtinnen und Weggefährten. Hier, jetzt, damals, noch kommend. Mit solchen, die ich nie kennen lernen werde, und die nie von mir hören werden.

Zeiten und Kulturen und multikulti spielen da keine Rolle mehr. Ob Silberbezug auf Süßem oder Vanille, Opernbusen oder Bandoneon, Yoga oder Taiji: überall sind es die Menschen. Und wir entdecken: Wir haben viel mehr Gemeinsamkeiten als Unterschiede.

Die Unterschiede machen es spannend.
Die Gemeinsamkeiten machen den Moment zeitfrei.

Das Hündchen der Meisterschaft

Kein Scherz! Es. Ist. Kein. Scherz.

Einmal kam eine Dame zu mir. Sie wollte gerne «alle die Dinge können, welche die chinesischen Meister können. Aber ohne den Weg gehen zu müssen. Ohne zu üben».

Was macht man da? Aufklärungsarbeit. Im Sinne von, naja, man kommt nur irgendwohin, wenn man irgendwohin geht, ein Pianist ist ein Pianist, weil er übt, der Meister ist derjenige der am meisten kompetent hingefallen ist, mehr, Meister, am meisten, darum heißt der Meister Meister.

Es hat nichts genützt. Dasselbe Sprüchlein von ihr, immer wieder. Ich habe ein paar Übungen mit ihr gemacht. Die haben auch nichts genützt. Sie ist irgendwohin gegangen und nie wieder gekommen.

Ich hoffe, sie hat ihre Meisterschaft gefunden, am Wegrand ist sie ihr zugelaufen wie ein ausgesetztes Hündchen, «Da bist du ja!»

Die Dame war ein Paradebeispiel für ein Phänomen, dem ich allenthalben begegne. In subtilerer Form, aber trotzdem. Immer diese Praxis! Warum muss man immer alles üben? Die Antwort ist ganz einfach: Man muss nicht, wenn man nicht will, das ist der Luxus unserer Zeit. Man kann auch etwas ganz Anderes machen. Aber es wird uns nicht ganz alles geschenkt, wenn es um Kompetenzen – ja selbst um Gesundheit – geht.

Aber eigentlich geht es doch gar nicht darum. Um Meisterschaft und Kunststücke, um Show, um ein Ziel.

Es geht doch ganz einfach darum, dass ich das mache, was mich anspricht. Ich werde von Yoga, Taiji und Qigong angesprochen, und darum antworte ich. Ich meine damit nicht das Lustprinzip, sondern es geht um eine Beziehung. So wie es mit meinen Liebsten nicht immer lustig ist, sprechen wir uns doch selbst in einem Konflikt an. Wir sind in Kontakt, räumen auf, räumen weg, differenzieren, suchen eine Integration, finden uns. Immer wieder.

Genauso ist es auch mit meiner Bewegungspraxis. Es ist eine Begegnungspraxis, ich werde von Yoga, Taiji, Qigong, integraler Bewegung angesprochen und antworte. Auch das ist nicht immer lustig, aber immer bereichernd. Zusammen gestalten wir uns, entwickeln wir uns, bleiben lebendig, werden lebendiger. Darum ermuntere ich immer wieder dazu, nicht für Fitness oder Gesundheit oder Schönheit irgendwelche Bewegungen zu machen, weil sie halt sein müssen, sondern die Bewegungsform zu finden, die Spaß macht und anspricht.

Ich hätte die Dame wohl fragen sollen, was sie denn jenseits einer Meister-Phantasie anspricht. Was ihr Spaß macht. Worauf sie antwortet. Denn wenn wir antworten, kommen wir in Bewegung. Und ich bin sicher, dass wir alle bereits antworten. Vielleicht antworten wir nur empfindend, in stillen Stunden, wenn wir die Sehnsucht in der Tiefe spüren. Doch diese Sehnsucht ist bereits Antwort. Wenn wir unter einen oberflächlichen Wunsch gleiten und er sich dabei nicht in Nichts auflöst, wenn er also eine tiefere Wurzel hat, zeigt sich die Sehnsucht darunter, zeigt sich die Antwort auf ein Gerufenwerden. Wir sind Gerufene. Ich persönlich werde von integraler Bewegung gerufen – und von ein paar ganz wesentlichen Menschen und Orten.

Das macht mich zu dem, was ich bin. Und bringt mich nirgendwohin, sondern immer wieder nach Hause.

Mit oder ohne Meisterschaft. Mit oder ohne Hündchen.

«Da bin ich ja.»

Pro-Fit. Ganz einfach.

Als ich kürzlich einer großen Gruppe eine Einführung ins Qigong geben durfte, machte ich auf der Bühne erst mal ein paar Yoga-Kunststückchen auf den Händen.

Ein Raunen der Begeisterung ging durch die Menge.

Dann zeigte ich eine Qigong-Übung vor: Die Arme heben, den Herzraum weiten. Die Arme kommen nach oben, öffnen sich nach außen, dann kommen sie wieder zurück und sinken. Ich hatte diese Bewegung sehr schön und anmutig gemacht, fand ich. Aber es ging kein Raunen durch die Menge.

Ich wollte damit etwas illustrieren, und es hatte geklappt: Im Yoga unterschätzt man gerne sich selber, im Qigong unterschätzt man gerne die Übung.

Im Yoga denkt man: «Das kann ich nie». Und ist daher beeindruckt.

Im Qigong: «Das kann ich auch». Und geht zur nächsten Übung über. Oder zur nächsten Methode.

Lustig. Wir praktizieren Yoga, Qigong und Taiji zur Entschleunigung. Als Ausgleich.

Was daran lustig ist? Naja, die früheren chinesischen Kampfkünstler und die indischen Yogis brauchten in ihren jeweiligen Bergen keine Entschleunigungs-Wochen und kein Burnout-Präventionsprogramm. Vielleicht mal eine Massage. Es waren und sind Wege der Selbst-Kultivation. Des Bewusstseins also. Wellness ist einfach ein willkommener weiterer Effekt der ganzen Sache.

In besagter Gruppe haben wir eine Stunde lang mit

dieser einfachen Qigong-Bewegung gearbeitet. Und es wurde schnell klar: So einfach ist das nicht. Jedenfalls einigen wurde das klar. Andere meinen heute noch, es sei einfach, während sie eine Qigong-Katastrophe produzieren. (Das ist ein weiterer Unterschied von Qigong und Yoga: Yoga-Katastrophen können körperlich gefährlich sein, Qigong-Katastrophen halten sich im Rahmen, nur die Knie können wirklich leiden.)

Denn der entscheidende Schritt ist, dass man merkt, dass es nicht einfach ist.

Das ist nicht einfach. Es zu merken ist nicht einfach, und wenn man es dann endlich mal gemerkt hat, ist es nicht einfach, das auszuhalten, und das gleich doppelt. Einerseits ist die Erkenntnis immer wieder hart, wie naiv man vorher durch die Welt gegangen ist. Andererseits ist die Einfachheit an sich hart, wir machen es gerne komplizierter.

Es ist nie einfach einfach, wenn ich «einfach« sage. «Verlagere dein Gewicht einfach in deine Struktur». Zum Beispiel. «Das sagst du so einfach», «Ich meine nicht, es sei einfach, weil ich es einfach so sage, ich meine damit, dass du nur das machst. Nichts anderes. Kein Drama. Nur das. Einfach heißt einfach: nur das.»

«Ach so. Einfach so. So einfach.»

Also, es ist ganz einfach: Das, was wir aus dem Ofen nehmen, steht in direktem Zusammenhang damit, was wir hinein geschoben haben, und wie viel Hitze (Kultivierung) wir hinzugeben. Je mehr, intelligenter und kompetenter wir praktizieren, desto mehr profitieren wir. Pro-Fit. Ein lustiges Wort, nicht?

Die innere Form

Als junger Mann in den besten Jahren ging ich während einer Ausbildung jeden Morgen ins Taiji. Ein Lehrer bot eine Stunde an, außerhalb des regulären Programms. Er unterrichtete uns die Form nach Cheng Man-ch'ing. Dieselbe Form, in welcher ich mich zu Hause fühlte – und mich immer noch zu Hause fühle.

Der Form wegen hätte ich nicht dahin gehen müssen. Ich ging auch nicht, um zu zeigen, dass ich die Form und die inneren Bewegungen besser konnte als er – obwohl man ganz sachlich sagen muss, dass dies so war.

Nach einer dieser Stunden blieben wir zwei noch etwas draußen am Platz, wo wir die Form praktizierten. «I feel like an old man», sagte mir der Lehrer. Er wusste, dass ich die Form besser praktizierte. «Don't», hatte ich ihm geantwortet und ihm für einen Moment meine Hand irgendwo zwischen Schulter und Herz hingelegt.

«Es ist egal, wie gut dein Taiji ist. Du hast andere Talente, die größer sind, als eine Form exakt zu machen. Ich komme nicht zu dir, um Taiji zu lernen, sondern weil du ein so großartiger, inspirierender Mensch bist. Ich möchte einfach eine Stunde lang bei dir sein. Und ich bin sicher, die anderen fühlen auch so. Du hast ein großes Herz, riesig, wir haben alle darin Platz, sind darin aufgehoben. Das ist, was zählt. Wie die Form genau ausschaut, ist dabei völlig egal.»

Das alles hatte ich ihm nicht gesagt, sondern in meiner Geste spüren lassen, und ich wusste, er hatte verstanden.

Heute fühle ich mich immer öfter wie ein alter Mann. Die Form ist seit fast drei Jahrzehnten eine Konstante in meinem Leben, die ich so fest brauche, um nicht immer wieder völlig umgehauen zu werden, und die ich so sehr liebe wie sonst nur weniges. Doch Form hin oder her, ich weiß jetzt, wie sich mein Lehrer damals fühlte.

Und kann nur hoffen, dass ich ein klein wenig von seiner Herzens-Größe kultiviert habe. Denn das ist, was zählt. Und wenn mich das hin und wieder jemand leise spüren lässt, in einer Geste, in einem kleinen Zeichen, dann genügt das.

Ich möchte und kann aber nicht jemand sein, der diese Anerkennung erbettelnd durch die Welt wandelt. Vielmehr halte ich mich an Franz von Assisi, der es so formuliert hat:

«Ich will nicht suchen, dass ich getröstet werde, sondern dass ich tröste;

nicht, dass ich verstanden werde, sondern dass ich verstehe;

nicht, dass ich geliebt werde, sondern dass ich liebe.»

Das ist eine innere Grundhaltung, die ich jeden Tag zu kultivieren versuche. Sie spricht schön den Kern der inneren Kampfkünste aus.

Und damit auch den Kern meiner geliebten Taiji-Form. Diese Grundhaltung, und nicht ein Qi-Fluss, ist die eigentliche innere Form.

Und diese innere Form hatte mein Lehrer perfektioniert.

Heilige Liebe, Leidenschaft und Oliven

Oft machen wir an den Abenden in Korsika ein Topf-Glück. Jede Wohneinheit bringt etwas Leckeres mit, und dann wird geteilt. Einmal hatte ich in den freien Nachmittagsstunden eine Ribollita gekocht in der Absicht, sie am Abend mitzunehmen. Also eine Art toskanische Eintopf-Suppe, die man immer wieder aufwärmen konnte. Sie war jedoch so lecker, dass ich den ganzen Topfinhalt – und es war ein beachtlicher Topf – am Nachmittag gleich selber aß. Stattdessen brachte ich am Abend meine Begeisterung dafür mit. Auf die Frage, was denn die Zutaten einer Ribollita seien, antwortete ich mit «amore e passione», Liebe und Leidenschaft. Damit war der Kuchen gegessen, beziehungsweise die Ribollita endgültig zur Legende geworden.

Ich kannte mal einen Pfarrer, der in einem Gespräch über den Zustand der Kirche sagte, er halte sich gerne an die Heiligen. «Warum?» «Die können es nicht mehr vermasseln.»

Als er noch ganz klein war, sagte mein jüngerer Sohn einmal, er wolle später Heiliger werden. «Dafür muss du zuerst sterben», war meine ernüchternde Antwort. Nun ja. Stimmt natürlich nur, wenn «Heiliger» ein Ehrentitel ist. Der Witz an der Sache ist, dass wir auch im Leben heilig werden können. Es muss nur das Anhaften sterben. Vermasseln werden wir es aber trotzdem immer wieder.

Manchmal ist eine Legende besser als die Realität. So erging es auch der Ribollita.

Als sie ein paar Jahre später doch noch auf den Tisch kam (eine neu gekochte natürlich), war sie dann doch nicht so umwerfend. In der Tat war diese Version nicht ganz so lecker, die Oliven waren zu dominant.

Wichtig dabei ist aber, dass meine Begeisterung für die erste Ribollita andere Teilnehmer dazu veranlasste, ihre eigenen Ribollitas zu improvisieren. Und die waren mindestens ebenso lecker wie die Legende. Denn ihre Zutaten waren Liebe und Leidenschaft und die Ahnung von etwas, das ungemein begeistern kann. Wie soll da nicht Lecker-Legendäres entstehen?

So ist es auch mit der Bewegung. Es geht um Inspiration. Ganz wenig um die tatsächlichen Zutaten wie Körperstruktur und so weiter. Das Handwerk ist Handwerk. Es muss beherrscht werden. Doch dann muss man die Beherrschung verlieren. Ohne das Zentrum und die Struktur zu verlieren natürlich. Aber es geht darum, strukturierte Spontaneität und das Handeln durch freies Entfalten zuzulassen. Es geht in der Bewegung, sei es Yoga, Qigong, Taiji, Tanz oder die Bewegung des Lebens, um Liebe und Leidenschaft. Leidenschaft, die kein Leiden schafft, sondern verbindet. Willst du in etwas Meisterschaft erlangen, such dir das aus, was du wirklich liebst.

Wer mich das erste Mal Open Hands machen sieht oder es mit mir übt, ist meist so begeistert wie perplex. Praktiziert man es dann selber, wird aus dem Mysterium etwas, das man selber in sich findet. Dadurch werde ich vom Vorbild zum ganz normalen Menschen, der es auch nicht perfekt kann, geschweige denn perfekt ist. Diese Karriere nach unten ist mir noch so recht. Sie stärkt den Praktizierenden und befreit mich aus etwas, das ich nicht bin. Es ist mir ein Rätsel, wieso gewisse Lehrer ihren Status des Unerreichbaren aufrecht erhalten wollen. (Naja, ich kann es mir erklären. Das Ego will nicht sterben, und es ist gut fürs Bankkonto.) Das Heilige liegt nicht im Unerreichbaren und Perfekten, sondern im Ganz-Werden auf Augenhöhe. Das Ganze muss das Unperfekte, Unvollkommene einbeziehen, sonst ist es nicht ganz.

Vielleicht werde ich dieses Jahr wieder eine Ribollita kochen, am besten gleich am ersten Tag. Eine umwerfende, wenn auch nicht perfekte. Denn das Praktische daran ist, dass man damit schon für die ganze Woche gekocht hat. Es braucht einfach einen großen Topf, damit all die Liebe und Leidenschaft auch wirklich darin Platz hat, mitsamt den Oliven.

Dann muss man nur immer wieder aufwärmen, und mit jedem Aufwärmen etwas mehr vervollkommnen. Bevor die Ribollita vollkommen sein wird, wird sie gegessen sein.

Praktisch. Legende hin oder her.

Einmümmeln hilft

Kürzlich sagte mein älterer Sohn zu mir, er schlafe nicht gerne – aber er schlafe gerne ein. Deshalb stelle er sich den Wecker gerne alle zehn Minuten.

Was haben wir gelacht.

Ich verstehe, was er meint. Er hat mehr das Sich-Einmümmeln und wohlige Wegdriften gemeint. Ich mag das auch sehr, schlafe aber auch aus einem weiteren Grund gerne ein: Es ist mir Inspirationsquelle.

In diesem Zwischenzustand, dem hypnagogischen Zustand, komme ich auf Gedanken, auf welche ich im Alltagsbewusstsein nicht komme. Oder anders gesagt, mein Gehirn- und Gefühls- und Assoziationsgewusel findet plötzlich eine ganz unerwartete Klarheit. Ich bin ein kreatives Kerlchen und kann mich gut in inspirierende Zustände versetzen, doch der hypnagogische Zustand hat seine ganz eigenen Qualitäten.

Doch er ist ein Hochrisiko-Zustand. Hast du auch schon erlebt, dass du in der Nacht eine geniale Idee hattest und du dachtest, du würdest dich am Morgen garantiert noch daran erinnern, nur um dann bestenfalls noch festzustellen, dass da doch mal irgendwo eine geniale Idee war?

Ebenfalls kürzlich habe ich ein Mittagsschläfchen gemacht und beim Einschlafen einen Gedanken – eine Einsicht mehr – gehabt, den ich unbedingt behalten wollte. Doch ich war schon zu müde, um nach meinem

Wecker-Phon zu greifen und eine Notiz zu machen. ... Ich würde den Gedanken schon... nicht... vergessen... Und weg war er. Sch.., dachte ich, er ist mir entschlüpft, er wird archiviert in jenen Hirn-Arealen, die mir nachher nicht mehr zur Verfügung stehen! Schnell hievte ich mich wieder in ein wacheres Bewusstsein und ging die letzten Stationen des Gedankenflusses zurück – und da war er wieder, der Gedanke. Glück gehabt! Jetzt schnappte ich mir mein Phon und machte mir die Notiz:

Verbinde dich nicht nur mit deinem Gegenüber. Verbinde dich mit dem Größeren, das ihr zusammen bildet. Und lass die Verbindung nie los. unter keinen umständen lads dir verbinu glod.

Im letzten Satz übte ich nicht etwa meine unglaublichen Isländisch-Kenntnisse. Ich war ganz einfach schon fast wieder eingeschlafen. *Unter keinen Umständen lass die Verbindung los.*

Diese Sätze kamen damals mit einem immensen Gefühl von Tragweite. Ein Gefühl, auf dessen Suche ich nun wieder bin. Intellektuell und aus meiner Erfahrung leuchten mir die Sätze ein. Doch sie sollen zu neuer Erfahrung führen, nicht alte Erfahrungen bestätigen. Der (auch nicht ganz, aber irgendwie doch) neue Teil daran ist, dass man sich nicht nur mit dem Partner verbindet, sondern mit dem, was beide zusammen bilden. Es ist nicht nur der Tanz von Yin und Yang, von Shiva und Shakti, es ist ein Tanz von Dreien. Da kommt mir der göttliche Dreier-Tanz in den Sinn, der an der Wurzel unserer spirituellen Kultur tanzt, wenn auch weitgehend unsichtbar, weil nicht wahrgenommen. «Gott» ist nicht ein Tänzer, sondern der Tanz, ja tanzen als Verb.

Der Unterschied zum bloßen Gegenüber, zum Yin und Yang, ist, dass in einem Dreier-Gespann (ich, du und das Größere) eine ganz andere Dynamik läuft. Die Rollen sind nicht klar gesetzt im Sinne von: Du Yin, ich Yang. Die Möglichkeit einer starren Definition wird einem nicht gegeben, weil die Dynamik anders fließt. Man ist einfach inmitten dieses Flusses, es ist nur dieses Fließen. Und das selbst in einer Zweier-Interaktion.

Das alles sind Reflexionen. Wichtig wird sein, dass ich die Tragweite, die ich in jenem Moment gespürt habe, die Begeisterung und selbst dieses Verbundensein, wieder finde. Ein bisschen spüre ich es schon in meinem Alltag, doch ich weiß, dass dieses Bisschen das Potenzial noch lange nicht ausschöpft. Lustigerweise haut mir das Leben gerade jetzt die Umstände um die Ohren, die mir das richtige Lernfeld ermöglichen. Ermöglichen? Ich würde sagen: aufzwingen. Lass die Verbindung zu dem, was wir zusammen bilden und nur zusammen sein können, nie los. Aber hafte nirgends an. Erkenne das, was anhaften will, als Illusion. Als Nicht-Liebe. Was bleibt, ist die Liebe, ein Strom von Liebe. Liebe verbindet das, was nie getrennt ist, und lässt immer los, weil sie nirgends anhaftet. Wie soll sie auch, wenn alles Liebe ist.

Lass nicht los, aber lass los. Denn letztendlich ist niemand da, der loslassen könnte oder den du loslassen müsstest.

Ich weiß also, was ich zu tun habe in meiner künftigen Open Hands- und Lebens-Praxis. Das Tor dazu habe ich schon mal retten können, und über den Gartenzaun kann ich auch ein wenig blicken. Jetzt geht es darum, das Paradies nach Hause zu bringen.

Da kann ich mir nur viel Erfolg wünschen. Oder anders gesagt: Schlaf gut.

Das Wichtige an der Geschichte ist aber, dass uns die entscheidenden Impulse gegeben werden. Nicht, wenn uns jemand einen gibt, sondern wenn aus dem Gewusel des Alltags plötzlich Klarheit entsteht. Das ist sicher ein Moment des Geschenks, den wir nicht willentlich herbeiführen können, im Sinne von: Ich geh jetzt mal einschlafen, dann habe ich nachher Klarheit. Nein. Aber eines ist sicher:

Einmümmeln hilft. Wenn man bereit ist, aufzuwachen.

Bitte berühren

Als Kind hatte ich drei außerkörperliche Erfahrungen. Nur als Kind deshalb vielleicht, weil ich jetzt vernünftiger Fahrrad fahre, mich nicht so leicht umhauen lasse und nie mehr eine Vollnarkose hatte. Jedes Mal war ich ohnmächtig und schwebte über meinem Körper. Bei dem Ereignis, bei dem ich bewusstlos neben meinem kaputten Fahrrad auf der Straße lag, war ich mit meiner Wahrnehmung einige hundert Meter weiter weg bei meiner Mutter, die allmählich realisierte, was passiert war. Hinter ihrer linken Schulter schwebte ich.

Diese Ereignisse sind mir immer noch ganz deutlich im Bewusstsein. Sie ließen mich immer wieder darüber sinnieren, was denn die Verbindung von Körper und Geist sei. Ich bin zum einfachen Schluss gekommen, dass wir auch ohne die direkten physischen Wahrnehmungsorgane sehen und hören können. Denn das hatte ich ja 1:1 wiederholte Male erlebt.

Was mir auch in Erinnerung bleibt, ist das Feeling, das ich im Außerkörperlichen hatte. Ich könnte es als Frieden bezeichnen. Ich weiß aber nicht, ob das tatsächlich stimmt. Es war nicht Zufriedenheit. Es war das Fehlen von Angst, eigentlich auch das Fehlen von Interesse. Es war aber auch keine Gleichgültigkeit.

Das ließ mich immer wieder darüber sinnieren, was denn Friede sei. Ein Friede, der sich nicht interessiert, sich nicht involviert, sich nicht beteiligt, ist doch nicht wirklich Friede? Wichtig für den Frieden ist, dass man nicht anhaftet. Das hatte ich im Außerkörperlichen eindeutig nicht getan: angehaftet. Aber in Kontakt war ich auch nicht wirklich. Denn es war, so weit ich mich erinnere, keine Empathie da.

Es war eigentlich gar kein Empfinden da. Das lässt mich immer noch darüber sinnieren, dass das Empfinden so stark mit dem Körper verbunden ist. Der Körper ist unser Empfindungsorgan. Durch ihn und mit ihm erfahren wir die sinnliche Welt und nehmen daran Teil.

Ob Engel auch küssen können?

Ich jedenfalls bin froh, wieder in meinem Körper zu sein und andere Menschen berühren zu können. Das Geschenk der Berührung ist für mich das größte Geschenk. Für mich ist berühren immer wieder ein Wunder und berührt mich immer wieder neu. Berühren ist das Leben.

Die außergewöhnliche und unerklärliche Erfahrung ist für mich die Berührung, nicht ein außerkörperlicher Friede. Wunder geschehen für mich in kleinen Momenten des Alltags, nicht nur an dramatischen Wendepunkten.

Das ist, was ich durch meine Bewegungs-Praxis kultiviere. Nicht ein Friede, der sich nicht involviert, nein. Das Bewusstsein für die kleinen Momente, die ich jederzeit mitgestalten kann.

Die Fülle der sinnlichen Erfahrung. Das Wunder des Berührens und Berührtseins.

Wahnsinn!

«Mensch, habt ihr nicht das Bedürfnis, mal wieder so richtig zu tanzen?»

Fragende Blicke.

«Die Bewegung frei strömen zu lassen, spontan und kreativ, mal groß, mal klein, mal schnell, mal langsam, mal Kopf oben, mal Kopf unten? Mal alleine, mal zu zweit?»

Blicke.

So ging es mir immer wieder mal, wenn ich an einem längeren Retreat war. Man sitzt die ganze Zeit und geht zwischendurch ein wenig, oder man bewegt sich nie über die rechteckige Matte hinaus, oder man fließt durch eine vorgegebene Choreographie...

Im Grunde meines Seins bin ich ein Tänzer, ohne ein Performer zu sein. Einfach für mich, auch wenn ich mehr und mehr die Stille tanze, ist wohl eine Frage des Alters. Wenn ich im weitesten Sinn tanze, brauche ich viel Platz. Das ist das Schöne an unserem (absolut freiwilligen) Korsika-Abschlusstanz, da haben wir meist Platz bis zum Tanzt-nicht-mehr.

Einmal beim Tanzen irgendwo in einer Menge kam immer wieder ein Typ zu mir und sagte «Wahnsinn». Ich weiß nicht, ob er meinte, mein Tanz sei Wahnsinn (eher unwahrscheinlich), oder ich sei wahnsinnig (eher wahrscheinlich). Ich wollte ihn nicht fragen, da ich mit tanzen beschäftigt war. Und wenn ich tanze, gibt es kein Multitasking. Vielleicht war der Typ auch einfach wahnsinnig, wer weiß das schon, ich nicht.

Ich tanze das Leben, wörtlich, beziehungsweise körperlich. Ich gebe meinem Innern durch meinen Körper Ausdruck. Geht gar nicht anders. Ich war mal an einem Big Mind-Retreat mit Diane Musho Hamilton, da wechselt man innerlich die Rollen, vom Skeptiker zum Optimisten und so weiter, um allmählich zu erkennen, dass man ja eigentlich einfach das Gefäß ist, das alle diese inneren Stimmen in sich aufnimmt, und dass es keinen Grund gibt, sich mit diesen Stimmen zu identifizieren. Nun ja, innere Stimmen, bei mir waren das Gestalten, konkret, körperlich, jeder dieser Typen hat eine andere Haltung, eine andere Art, sich zu bewegen, sich auszudrücken... Und das, ohne zu schauspielern. Verkörperung nennt man das. Allen anderen war ein Rollenwechsel nicht anzumerken. Immer dieselbe Haltung. Derselbe Ausdruck in der Stimme. Ich konnte das nicht nachvollziehen, und sie dachten wohl ebenso: «Wahnsinnig.» Es gibt ja auch pathologische Bezeichnungen für solche Zustände.
Nun ja. Geht gar nicht anders.

Es gab Zeiten, da verlor ich den Lebens-Tanz. Ich meine nicht eine kleine Stillpunkt-Phase der Integration und des Neustarts. Ich meine, wenn ich das Leben verlor. Mir kam dann immer wieder Royston Maldooms Buchtitel in den Sinn: «Tanz um dein Leben».
Die Suche nach dem verlorenen Tanz bestand dann aus einem hoffnungsvollen Lauschen nach innen.

Lauschen nach Resonanz, Schwingung. Nach einem kleinen Etwas, das mich wieder in Bewegung brachte, wenn ich die Welle nur wahrnahm und erwischte. Ich versuchte jeweils, in der Bewegungslosigkeit wachsam zu bleiben. Leben ist Bewegung, die nächste Bewegung musste kommen. Die nächste Welle. Ich musste sie nur erwischen. Ich habe sie immer erwischt. Und ich habe meinen Tanz schon lange nicht mehr verloren. Warum? Das ist eine andere Geschichte für ein andermal.

Solange ich tanzen kann, ist gut. Ich tanze mein Glücklichsein und meine Trauer, mein Aufgehobensein und mein Verlorensein, mein Vernetztsein und mein Isoliertsein. Denn der Tanz ist eine transformative Kraft. Tanzen ist eine Geste der Transformation. Tanze ich Isolation, geschieht Vernetzung. Tanzte ich Verlorensein, wurde ich aufgehoben.

Ich möchte nicht abgeklärt sein, denn dann bewegt mich nichts mehr. Wissen ist Stillstand. Tanz ist verkörpertes Leben, tanzen heißt leben. Tanz ist Weisheit. Weisheit ist Bewegung.

Tanz ist strukturierte Spontaneität. Es gibt auch Spontaneität, die Chaos verursacht. Strukturiert spontan ist der Tanz deshalb, weil er die wichtigen Aspekte jeder integralen Bewegung vereint. Basierend auf den Gegebenheiten der Körperstruktur entfaltet sich Bewegung in einer stimmigen Ganzheit, von unten nach oben und von innen nach außen.

John O'Donohue schreibt in «Die vier Elemente» so schön: *«Die schönste Form menschlicher Bewegung durch den Raum ist der Tanz. Der Tanz ist kinetische*

Gestaltung des Raums. Die formalisierte Bewegung des Tänzers erweist der Würde des Raums Respekt. Die Disziplin der Form lässt die geheime Natur des Raums hervortreten.»

Authentischer Tanz ist reiner Ausdruck des Atems. Des Atem-Raums. Des Lebens-Atems. Des Lebens-Raums. Ausdruck der Atem-Bewegung und der subtilen Bewegungen des Empfindens, die durch die Atem-Bewegungen entstehen, hinein in den Raum des Lebens. Tanzen heißt, einem Eindruck den Ausdruck zu schenken. Und das ist auch integrale Bewegung. RIVERS. Qigong. Yoga. Taiji.

Wenn ein einzelner Atemzug zum unfassbaren Wunder wird, dann beginnst du zu tanzen. Praxis reinigt unseren Geist, so dass dieses Wunder geschehen kann. Praxis führt uns zum Loslassen, damit das Unfassbare geschehen kann. Tanzen bedeutet, das Unfassbare so in eine sich ständig ändernde Form zu fassen, die sich nicht fassen lässt, dass es uns fassungslos macht.

So wird der Moment ganz. Der Raum. Innen und außen. Das Leben. Ich und du. Wir.

Unfassbar.

Wahnsinn. Er hatte ja recht.

Komm näher, aber sag nichts

Wie alle anderen Kleinen auch, musste ich als kleiner Junge jeweils brav meinen Mittagsschlaf machen. Wenn ich nicht schlafen konnte, habe ich immer mit mir selbst geflüstert. Geflüstert nicht darum, weil mich meine Mutter nicht hören sollte. Ich hatte die Vorstellung, dass die Stimmbänder tatsächliche Bänder sind wie Tonbänder einer Kassette (die gab es damals noch). Jedes Mal, wenn wir redeten, würden wir von diesen Bändern brauchen. Und wenn die Bänder eines Tages aufgebraucht sind, dann wäre es fertig mit dem Sich-Ausdrücken und damit mit dem Leben.

Also habe ich immer geflüstert. Mit mir. Ganz vorsichtig, um die Bänder nicht aufzubrauchen. Und ich habe mir vorsichtig zugehört.

Interessant ist für mich im Rückblick, wie ich den Selbst-Ausdruck, dieses Innen-nach-Außen-Bringen, anscheinend als lebenswichtig, ja als das Leben selbst erachtet habe. Würde ich das nicht mehr können, wäre mein Leben fertig. So meine Vorstellung. Bis heute bin ich ein kreatives Kerlchen. Vielleicht ist deshalb mein Leben noch nicht fertig.

Vielleicht hat es aber auch einen anderen Grund.

Die Flüster-Erinnerung ist in mir aufgetaucht, als ich las, dass die Lehre des Yoga davon ausgeht, dass der Mensch eine gewisse Anzahl Atemzüge zur Verfügung hat. Ist diese aufgebraucht, naja, dann ist das Leben fertig. So einfach ist das.

Deshalb geht es darum, den Atem zu verlangsamen.

Verblüffend, nicht? Die Parallele zwischen meiner kindlichen Vorstellung und einer Jahrtausende alten Lehre. Dass da etwas ist, das aufgebraucht wird, und darum setzt man es besser sparsam und an der richtigen Stelle ein, sonst ist fertig lustig, und das ist dann traurig.

Gelesen habe ich das an einem Strand in Hawaii. Da ist mir die Erinnerung an meine mittäglichen Flüster-Sessionen gekommen. Als ich dann zu meinem Banana-Hüttchen zurückfuhr, stoppte ich noch an einem anderen kleinen Strand. Eigentlich wollte ich ja den Windsurfern zugucken. Doch da war noch etwas ganz Unerwartetes.

Etwa 30 Schildkröten lagen am Strand. Und diese Honu, wie sie auf Hawaiianisch heißen, sind die riesigen Meeresschildkröten, man stolpert nicht mal eben über ein solches Krötchen, Entschuldigung, ich habe Sie nicht gesehen. Diese Tiere sind ungefähr einen Meter lang. Es war extrem eindrücklich. Ich setzte mich so nah wie es erlaubt war zu ihnen (die Hawaiianer geben acht, sie nicht zu stören, und ich darum auch) und ließ mich auf sie ein.

Wie entspannt diese Tiere sind!

Diese Honu bleiben auf Nahrungssuche bis zu 5 Minuten unter Wasser. Sie können auch 20 Minuten unter Wasser sein, bevor sie wieder nach oben gehen müssen, um Luft zu schnappen. Es heißt, dass sie selbst unter Wasser schlafen können.

Einen Atemzug alle fünf Minuten. Kein Wunder, werden diese Tiere so ungefähr 80 Jahre und vielleicht auch viel älter (so genau scheint das niemand zu wissen). Und das in freier Wildnis. Sie brauchen ihren Atem nicht so schnell auf.

Lange bin ich da gesessen. Für die Honu war es wohl nur ein kurzer Moment. Ein paar Atemzüge. Hin und weg war ich aus der Perspektive der Schildkröten vermutlich im Zeitraffer.
Ihnen habe ich nichts geflüstert. Was hätte ich ihnen auch sagen sollen. Sie sagten mir genug mit ihrer stillen Ruhe bei ihrem Mittagsschläfchen.

Hm. Vermutlich haben sie gar nicht geschlafen. So wie ich damals auch nicht.

PS: Lies die Geschichte doch jemandem vor, aber flüsternd. Stimmbänder, die aufgebraucht werden oder nicht – man muss sich näher sein beim Flüstern, und das ist doch auf jeden Fall eine prima Sache.

Werdend, wie ein Kind

Es war schwierig. Er war angepriesen worden als der beste Bandoneon-Spieler des Landes. Vermutlich deshalb, weil er der einzige war. Es war nicht deshalb schwierig, weil den zweiten Konzertteil einer der besten Bandoneon-Spieler der Welt gestaltete. Es war nicht die Konkurrenz, denn da war er ohnehin chancenlos, würde man Vergleiche tätigen. Aber es war ja auch kein Wettbewerb.

Warum es schwierig war, wusste ich erst, als Dino Saluzzi, einer der besten, es benannte.

Massig ist er, der Dino, schwerfällig, doch wenn er spielt, dann wird er zum Kind. Wann immer sich mir die Gelegenheit bietet, ein Konzert von ihm zu hören, nehme ich diese wahr. Ich setze mich dann möglichst nah zu ihm. Setze mich quasi zum Großvater, der von seinen Kindheitserinnerungen erzählt. Er erzählt sie, indem er sie wieder verkörpert. Er flüstert, ruft, fragt, staunt, ist überrascht, ist ratlos, aufgehoben, lacht, weint. Das alles mit seinem Gesicht, seiner Haltung, seiner Musik. Ich staune mit, bin überrascht, ratlos, aufgehoben, fragend, lachend, weinend.

Berührt.

An jenem für mich schwierigen Konzert nahm er sich die Freiheit, in seinem Konzertteil zwischen der Musik etwas über das Bandoneon zu erzählen. Über die Musik, die aus dieser «Handorgel» entsteht: den Tango. Dino sagte: «Tango-Musik ist rund. Sie geht in Kreisen. Sie kehrt immer wieder zurück. Es ist kein Tatatata, immer weiter, immer weiter. Sie weitet sich und kommt zurück.»

Danke, Dino! Er hat damit gesagt, was in der ersten Konzerthälfte schwierig gewesen war: Tatatata, immer weiter, immer vorwärts, treibend, nirgendwohin treibend, ätzend, treibend, ermüdend, aber immer weiter. Und das, was in der zweiten Hälfte heilend gewesen war: ausdehnen und zurückkommen. Immer wieder. In jeder Phase, in jeder Phrase. Kreise. Spiralen. Das Leben.

Musik ist das Leben. Musik ist Bewegung. Bewegung ist Musik. Yoga, Taiji, Qigong, integrale Bewegung, RIVERS, sie sind Musik. Sie sind kein Krafttraining, sie finden nicht in einengenden Maschinen statt. Im Yoga und Qigong gibt es diese Tendenz auch, sich in der Linearität oder Routine der Wiederholung zu verlieren, tatatata. Aber auch Yoga und Qigong sind ein Tanz des Atems, sich ausfaltend, sich einfaltend.

Alle Bewegung geht in Kreisen. Jede Bewegung ist eine Frage und eine vorläufige Antwort, die weiterführt in Unbekanntes, nicht in Lineares. Die Bewegung, die Musik, sie führt uns dorthin, wo der Fluss uns hinführen wird. Wir kanalisieren und begradigen den Fluss nicht. Wir sind der Fluss und der Fluss ist wir, wir fließen, gestalten und werden gestaltet, staunen, sind überrascht, lachend, weinend. Immer im Anfänger-Geist, werdend, wie ein Kind: mit offener, vorbehaltloser Wahrnehmung, bereit für Neues.

Integrale Bewegung, RIVERS, Yoga, Taiji, Qigong,

Open Hands sind für mich Musik und Leben. Immer wieder unfassbar, immer wieder heilend. Der Schlüssel liegt im Öffnen, Weiten und Integrieren. Im Ausdehnen und Zurückkommen. In Kreisen und Spiralen.

Im Staunen und in einem Verstehen, das noch mehr öffnet.

Peitschen und Kompass

Ich hatte mir ein Tattoo stechen lassen. Zwölf Stunden sitzen an zwei Tagen. Am Rücken, da wo es wirklich weh tut. Auf einer Schmerzskala von 1 bis 10 war es stellenweise bei 9,5. Eine 9 bedeutet so viel wie schreien, ausflippen, das Weite suchen und nie mehr zurückkehren; die 9,5 bedeutet vor Schmerz schon fast ohnmächtig sein und das alles hinter sich lassen, gute Nacht. Doch ich schrie nicht, und ich gab meine Macht nicht ab.

Der Tätowierer, ein großer, sanfter Mann, fragte mich nach einer Weile, warum ich so gut sitzen könne. Andere würden bei diesen Stellen stöhnen und sich dem Schmerz hingeben, fluchen und verzweifeln...

«Ich mache Yoga», sagte ich.

«Ach, dann ist ja alles klar. Yoga hat sehr viel mit dem Geist zu tun, nicht wahr?»

«Es geht darum, Gefäß zu werden, sich auszurichten, auf das Wichtige zu fokussieren und nicht jeden Stolperstein auf dem Weg mit dem eigenen Drama zu füllen.»

«Darum sitzt du so gut.»

Ich saß nicht, ich starb. Fand ich. Ich starb gut. Und zitterte am ganzen Körper vor Schmerz.

Später, im Hotel im Fahrstuhl, hatte mich eine Frau ganz entgeistert angeschaut. Erst im Zimmer hatte ich realisiert, weshalb. Mein T-Shirt war trotz Schutzfolie auf dem Rücken ganz blutverschmiert, als wäre ich eben mal von einem fröhlichen Auspeitschen zurückgekehrt. Ein Wunder fast, dass nicht kurz darauf ein SWAT-Team meine Zimmertüre einbrach. Oder: «Hawaii Five-O, open the door!»

Glücklicherweise hatte ich mir das Tattoo stechen lassen, nachdem ich gerade drei Wochen nicht viel Anderes als Yoga gemacht hatte, tagein, tagaus, sechs Tage die Woche. Meine Absicht war, mit dem Yoga Unzusammenhängendes in ein stimmiges Ganzes zu verbinden. Sowohl in meinem Körper, in meinem Leben, als auch auf meinem Rücken – darum das Tattoo. Denn ich hatte schon drei Tattoos, die jedes für sich ein relativ langweiliges Dasein fristeten. Auch das ist ein Merkmal des Yoga. Wir verbinden die Dinge miteinander und bringen sie (wieder) in ein stimmiges Ganzes.

Wenn wir die Linien des Körpers neu strukturieren, richten wir sie nach den Linien des Universums aus.

Schmerz ist unvermeidlich im Leben. Das Leiden ist aber optional. Es ist uns freigestellt, ob wir in den Schmerz investieren oder in das Ganze, wovon der Schmerz nur ein Teil ist. Yoga richtet uns aus wie ein Kompass. Der Nordpol ist nicht der Schmerz, sondern die Integration. Dieser ausgerichtete Kompass heißt im Yoga «vidya».

Jetzt habe ich ganz viele Linien auf dem Rücken. Meine eigene kleine Lebensgeschichte und meine Familie. Und meinen Kompass. Das Tattoo ist nur nebensächlich Schmuck. Vor allem ist es die Niederschrift einer Intention. Eine innere Landkarte, welche mich immer wieder an meine Ausrichtung erinnert und mir Orientierung gibt, sollte ich sie mal verlieren.

«The homie from Switzerland», hatte der Tätowierer mich genannt. Der Kumpel-Freund.

«Homie» fand ich lachend treffend, denn es war ein home-coming für mich, dort in der Ferne, ein Nach-Hause-Kommen.

Und das habe ich mit nach Hause genommen.

Ich bin froh, bin ich nicht weggerannt. Nur darum bin ich jetzt hier.

Der Kompass zur Quelle

Es gibt eine wunderschöne kleine Geschichte. Nun, natürlich gibt es ganz viele davon. Aber ich meine diese hier:

Ein Mann und eine Frau liebten sich. Er ging spazieren. Sie ging spazieren. An einem Fluss trafen sie sich, jedoch er am einen Ufer, sie am anderen. Der Fluss war zu breit, um ihn zu überqueren, und eine Brücke hatte es auch keine. Doch sie wollten so sehr zueinander.

«Wenn wir dem Fluss entlang Richtung Ursprung wandern», sagte sie schließlich, «wird er schmaler und wir kommen zur Quelle. Da können wir uns begegnen.»

Kurze Pause.

Wunderschön, nicht? Ein kleines Detail ist, dass diese Geschichte mit Francesco und Chiara von Assisi erzählt wird. Wer die Geschichte der beiden kennt, weiß: Chiara ging nicht spazieren. Denn es wäre für sie zu gefährlich gewesen, und zudem war sie durch eine Krankheit geschwächt. Sie hat ihr Leben in San Damiano, einem kleinen Klösterchen, verbracht.

Und wer Assisi kennt, weiß: Da ist weit und breit kein Fluss, den es zu überqueren unmöglich ist. Weder weit noch breit ist er, denn er ist nicht.

Trotzdem ist die Geschichte wunderschön. Sie spricht sofort zu uns, spricht in eine Tiefe, in welcher Fakten keine Rolle spielen.

«Ha, da haben wir's!», rufen die Rationalisten. Sollen sie rufen. Denn nicht alles, was nicht rational ist, ist irrational. Diejenigen, die rufen, haben das einfach noch nicht gecheckt. Sie müssen noch etwas mehr Rationalität und Verstand einsetzen, dann rufen sie nicht mehr, weil auch sie verstehen.

Yoga bedeutet, Gegensätze wahrzunehmen und die Mitte darin zu finden. Taiji und Qigong sind der Tanz von Yin und Yang. Immer geht es um eine polare Einheit, und um die Mitte, aus der, um die und in die sich dies alles ausfaltet und einfaltet. Integrale Bewegung bewegt den ganzen Menschen.

Diese Praxis ist im eigentlichen Sinn eine Pilger-Praxis. Pilgern ist nicht einfach religiös. Ohnehin: Religionen sind Flüsse. Jeder und jede kann pilgern. Pilgern ist international, interreligiös, interspirituell und interdimensional. Denn es ist eine Bewegung aus sich selbst heraus und auf etwas hin, und viel mehr als eine physische Fortbewegung. Es ist das Wandern dem Fluss entlang, bis wir zur Quelle kommen.

Pilger*innen sind Menschen, die sich innerlich und äußerlich bewegen. Die sich von Altem lösen, immer wieder, und Neues finden.

In uns ist eine Stille, aus der wir uns entfalten und in welche wir uns einfalten, ohne einfältig zu werden. Diese Stille ist nicht einfach nur still. Sie ist das Größere, das wir als Fragmente in uns tragen. Solange wir uns als Fragmente nicht für das Ganze halten, ist alles in Ordnung. Denn dann können wir lauschen, der Stimme der Stille. Was uns hier als Stille erscheint, ist im Land des Wesentlichen Sprache.

Sie leitet uns. Zur Quelle.

Im Yoga heißt diese stille Quelle «buddhi» (im Qigong und Taiji «xin» und «shen», doch man muss mit Begriffen immer vorsichtig sein, da sonst die Wisser gleich wieder etwas zu rufen haben und den Witz der Sache wieder verfehlen) und sitzt im Zentrum des Herzens. Buddhi ist unser innerer Kompass. Unser Steuermann/ unsere Steuerfrau. Wenn wir ihm/ihr ermöglichen, das Steuer zu übernehmen, wird unsere Fahrt auf dem goldenen Fluss des Lebens eine klare Richtung haben. Denn buddhi ist es, der/die verschiedene Perspektiven wertschätzen kann. Buddhi ist schon immer da. Es ist der Ort, wo wir schon immer Ja gesagt haben. Wenn wir uns in einer Position, einem Asana oder einer Qigong-Position niederlassen und darin heimisch werden, begeben wir uns an diesen Ort. Den Herz-Geist kultivieren wir zum Beispiel im Zen durch «sesshin», das «Vertraut-Werden mit dem Herz-Geist». Wichtig: Es ist ein Vertraut-Werden. Vertraut-Werden ist eine Beziehungssache. Wir müssen nichts nicht kreieren. Wir kultivieren das Natürliche.

Kreieren wäre, als würde unser kleines Ego die Weisheit des Herzens kreieren wollen! Haha, sagt da jeder, der bei Sinnen ist. Das ist in etwa so, als würden Francesco und Chiara ihren eigenen Fluss bauen wollen. Die beiden hatten eine wundervolle, ein Leben lang sich gegenseitig stützende und inspirierende Liebesbeziehung, obwohl sie sich beide der einen Großen Liebe verschrieben hatten und deshalb auch in gewissen Beziehungen nein zueinander gesagt hatten.

Doch sie waren einander lebenslang «buddies», wie die Amerikanerin sagen würde, beste Freunde. Und sie hatten buddhi, dieses Ausgerichtetsein auf die Quelle, aus der sie alle Kraft schöpften. Denn sie waren sich vertraut.

Jetzt ist die Zeit, in welcher wir unsere Kompasse ganz gezielt ausrichten. Das machen wir in unserer Praxis: entspannen und das Steuer dem Herz-Geist buddhi übergeben. Sich trauen und anvertrauen. Auf das Herz hören.

Bist du dabei?

Wir würden uns dann an der Quelle treffen.

Yes, Sir!

«Yes, Sir!», hatte er gesagt und mit dem Kopf gewackelt.

«Everybody bows before Ganesha». Hatte er gesagt. Jeder verneigt sich vor Ganesha. Insistierte er sanft und höflich.

Ich hatte mich nicht verneigt. Ich und meine Frau waren eben erst in Indien angekommen. Durch Beziehungen in einem Privathaus untergebracht, in dessen Garten bereits Gandhi gewandelt war, kurz bevor er erschossen wurde. Naja, das klingt ein wenig besser als: in dessen Garten Gandhi erschossen wurde. Doch das ist eigentlich akkurater.

Auf jenen wunderschönen Garten blickten wir, als Mister Ramm (allmählich wird er hier zur Legende – oder zum Mythos?) wunderbares Essen serviert hatte. «Hot», hatte er noch gesagt, und damit nicht die Temperatur gemeint. Hot indeed.

Dann ab zur Stadtrundfahrt, um genauer zu sein, Kenner der Gandhi'schen Geschichte hatten es schon geschlussfolgert, in Delhi.

Auch das Wetter war hot. Der Führer hatte uns in sengender Sonne vor diese dickbäuchige Statue mit Elefantenkopf geführt und etwas von Beschützer der Reisenden gesagt, ungefähr. Und dass man sich verneigt, womit wir den Kreis geschlossen hätten und jetzt mit der Erzählung fortschreiten können.

Ich hatte mich und mir nicht erklären können, warum ich mich nicht verneigt hatte. Ich habe nur etwa zwanzig Jahre des Reflektierens für eine Erklärung gebraucht. Vermutlich war ich respektlos rübergekommen. Doch ich hatte mich vor Respekt nicht verneigt. Ich wollte nicht eine leere Geste produzieren und etwas machen, wovon ich keine Ahnung hatte. Es wäre einfach ein Theater oder ein Verneigen vor einem Götzen gewesen.

Heute mag ich den dickbäuchigen Elefantenkopf. Wir haben eine Beziehung. Nach wie vor bin ich nicht der Meinung, dass es förderlich ist, sich einfach Bruchstücke aus anderen Kulturen anzueignen, nur weil sie einem gefallen. Auch Yoga-Events, die ein bisschen mit Göttern spielen – heute verkörpern wir Saraswati! – sind nicht nach meinem Gusto. Ja was sind denn Götter überhaupt? Archetypen? Aspekte unserer Psyche oder Seele? Kosmische Kräfte? Ich weiß es nicht.

Aber solche Betrachtungen haben mich auch nicht dazu gebracht, Ganesha echt zu mögen. Er war vor allem einen Monat lang immer ganz in meiner Nähe, wenn ich in einem Yoga-Studio im hawaiianischen Dschungel mich verbeugt und verbogen habe. Wann immer ich in irgendwelchen Umkehrungen verweilte, war da Ganesha in meinem Blickfeld, der zusammen mit Krishnamacharya liebevoll auf mich herabblickte. Während ich gebrochen wurde und heilte, zweifelte, verzweifelte und ganz wurde, war er immer da.

Das Da-Sein genügt. So wird man Freunde.

Vielleicht half es auch, dass die Lehrer in den Momenten, in denen wir lange in Positionen verweilten, Geschichten aus der indischen Mythologie vorlasen. Bis da hatten sie mir nie so behagt, diese Geschichten, weil sie mir zu verworren waren. Da mochte ich doch ganz einfache, kurze Zen-Anekdoten viel mehr. Doch die indischen Geschichten sind nicht verworren, sie sind verwoben. Da diese langen Phasen oft am Morgen stattfanden, und da ich der Typ bin, der am Morgen eher etwas Dynamisierung bräuchte, war ich oft weit weg von den Geschichten. Meinte ich jedenfalls. Wenn ich auftauchte, dachte ich mir immer wieder «na toll, wieder eine Geschichte verpasst». Doch es zeigte sich: es war nicht so. Sie landeten genau an der Stelle, an der diese Mythologien landen sollten. Nicht im denkenden Verstand, sondern direkt auf einer tiefen Ebene. Denn immer wieder kommt es jetzt vor, dass ich mich an ein Bild oder an eine Episode aus einer dieser Geschichten erinnere, die ich nie wirklich gehört habe. Und zum Teil erinnere ich mich nicht, aber ich spüre, dass sie da sind und wirken.

Für den denkenden Verstand sind indische Mythen etwa genau so unsinnig wie das Neue Testament. Wenn man die vier Evangelien vergleicht, widersprechen sie sich immer wieder. Alles erstunken und erlogen? Nein, aber keine Tatsachen-Berichte. Sie enthalten eine andere Ebene der Information. Das ist auch mit den Mythologien so, nur nimmt die ohnehin niemand als Fakt. Nur schon dazu, wie Ganesha zur Welt gekommen ist, gibt es unzählige Versionen. Jede Version enthält eine tiefe Wahrheit, die eine Wirkkraft in unserem Leben entfalten kann. Und so eben doch absolut real ist, jenseits des Faktischen.

Ich möchte hier eine Ganesha-Geschichte erzählen, die mich immer zum Lächeln bringt, wenn ich sie mir vergegenwärtige: Eines Tages kam Narada mit einer Mango zum Berg Kailash und bot sie Shivas Söhnen an. Derjenige würde sie bekommen, der zuerst dreimal die Welt umrundet hat. Kartikeya, der Kämpfer, schwang sich auf seinen Pfau und flog über Berge, Kontinente und Meere, einmal um die Welt, zweimal, … Doch Ganesha machte keinen Mucks. Er saß bei seinen Eltern, Shiva und Shakti, und spielte mit seiner Ratte (hier beginnt mit «spielte mit seiner Ratte» das Lächeln). Als Kartikeya fast das dritte Mal die Welt umrundet hatte, stand Ganesha im letzten Moment auf und rannte drei Mal um seine Eltern herum. «Gewonnen!», rief er begeistert. (Ich stelle mir dann vor, wie er freudig auf und nieder hüpft, sein dicker Bauch mit ihm, wumm wumm. Aber das gehört glaube ich nicht zum offiziellen Teil der Geschichte.) «Gewonnen? Wie das denn?», fragte Kartikeya. Ganesha: «Du bist um die Welt gereist, während ich um meine Welt gereist bin. Du bist um die objektive Welt gereist, während ich um die subjektive Welt gereist bin. Du bist um die materielle Welt um uns herum gereist, während ich um die subtile Welt in mir gereist bin. Was ist wohl wichtiger?»
Für Ganesha war die emotionale, innere, unermessliche Innenwelt wichtiger als die rationale, logische Außenwelt. Die Mango hatte Narada Ganesha gegeben.

Die Weltreise, die Innenweltreise. Das sind unsere zwei Reisen.

Na dann, gute Reise!

Meine Reise zu Ganesha war beides. Ich musste – oder durfte! – in den hawaiianischen Dschungel reisen, um ihn zu finden. Und in meine tiefsten inneren Qualitäten.

Würde ich mich heute vor Ganesha in Delhi verneigen?

«Yes, Sir!»

Himmlisch!

«Grraan daan into se höör.»

Sagte sie.

Das R rollte wie bei einer Französin. Das französisch rollende R war bei ihr an der richtigen Adresse, denn sie war Französin. Claudine. Die Dame war klein und rund und trug gerne einen schwarzen Mantel mit tausend Taschen, der sie dann zur kleinen, runden, wandelnden Säule machte. Und zu einem wandelnden Labyrinth. Wenn irgendwo darin ihr Telefon klingelte, fand sie es jeweils nicht rechtzeitig.

«Höör?»
«Höör.»
«Ah, earth.»
«Yes, höör.»

Sie unterrichtete Qigong in Englisch, grraan daan into se höör, verwurzle dich in die Erde hinein, Erde, höör. Sie war eine sensitive Persönlichkeit. Einmal kam sie zu mir, berührte mich, und riss sofort Augen und Mund in Glückseligkeit auf. «Du ju iir it?», hörst du es?, «what?», «se celestial musique! When I touch ju, I iir it!»

Ach, die himmlische Musik. Eigentlich immer, ja. Als komponierender Mensch bin ich an das Feld der Musik angeschlossen, wie ein Gerät mit WLAN. Aber ich bin mehr Empfänger als Dauer-Hörer, regulieren ist förderlich, mein inneres Musik-Programm ist nicht immer geöffnet.

«Organ musique!», hauchte sie, mich immer noch berührend, mit weiten Augen in andere Dimensionen starrend.

«Meinst du Organ-Musik, wie die Heilenden Laute der Chinesen, oder Orgel-Musik, wie die Heiligen Laute der Kirche?»

«Organ, like se church», wie die Kirche, «of course.»

Natürlich.

Bis anhin hatte ich mir nicht gedacht, dass ich wie eine Kirchen-Orgel klang. Aber es war ja auch nicht wirklich ich. Ich war nur der Transmitter, der Kanal. In der Mitte zwischen der unhörbaren Musik und der kleinen Dame, die, ihrem Naturell gemäß, ihre eigene Version davon hörte.

Bei Gelegenheit sitze ich gerne mit nicht Klavier spielenden Menschen ans Klavier, nicht etwa an die Orgel, und improvisiere mit ihnen. Wenn sie sich einlassen können, wird immer etwas Gutes daraus. Das hatte ich mal eines Abends mit einer älteren amerikanischen Dame getan, einer Offizierin des US Militärs wohlgemerkt. Am nächsten Morgen kam sie zu mir, verzaubert, und sagte, sie sei nach unserem Klavierspiel noch unter den Sternen gesessen und habe die Musik der Sterne gehört.

Natürlich.

Was war in beiden Fällen passiert? Es ist etwas in Resonanz gekommen. Daraufhin hatte die Energie ihre eigenen Wege gefunden.

Resonanz. Letztlich ist das alles, was es braucht. So schwingen, dass andere ins Schwingen kommen können. Je klarer die Schwingung, desto stärker die Resonanz.

Was ist deine Schwingung?

Hör. Ganz genau.

Filosofo

Mein jüngerer Sohn hatte in noch jüngeren Jahren einen Berufswunsch: Postauto-Chauffeur mit Hündchen wollte er werden. Nicht Lastwagenfahrer oder Busfahrer. Postauto. Mit Hündchen.

Er war damals der Jüngste, ich bin es heute nicht mehr, darum mache ich mir Gedanken über meine Zukunft.

Was will ich mal werden, wenn ich nichts mehr bin? Wenn ich pensioniert werde, was nie passieren wird?

Darum habe ich mich von meinem Sohn inspirieren lassen: Ich möchte Philosoph in Lissabon werden. In Lissabon. Aber ohne Hündchen.

Da kann ich in einer Cafeteria sitzen oder an den Ufern des Tejo, in die Menschenmenge oder ins Nichts schauen, ab und zu etwas lächeln oder eine Augenbraue hochziehen und mir etwas in mein mit Leder eingebundenes Philosophen-Buch notieren, und wenn je jemals jemand danach fragte, was ich hier mache, könnte ich antworten: filosofo, ich philosophiere.

Schön, nicht?

Es gibt da nur ein kleines Problem. Alles, was ich je aufschreibe, hat seinen Ursprung in der Bewegung oder in der Berührung. Alle meine Bücher wurden aus Bewegung und Berührung in die Manifestation gehievt. Von unten nach oben quasi, nicht nur von innen nach außen, wie das beim Philosophen in der Cafeteria vielleicht eher der Fall ist.

Bewegung ist mein Forscherfeld und meine Inspiration, mein Erkenntnisfeld, wenn auch meine Erkenntnisse bescheiden sind, so sind sie doch bewegt. Ich kann mich nicht hinsetzen und außen beobachten und daraus etwas philosophieren. Ich bewege mich, beobachte, und schreibe ein paar Beobachtungen auf.

Das war schon immer so. Meine Teenager-Jahre verbrachte ich auf dem Fahrrad oder im Wald spazierend, und ich komponierte dabei. Dann ging ich in mein kleines Studio und nahm alles auf. Und wieder zurück aufs Fahrrad oder ab in den Wald. Heute plane ich Workshops oder Korsika-Wochen joggend. Unmöglich, an einem PC sitzend, auch nicht in einem Café mit Notizbuch. Nichts kommt. Deshalb jogge ich auch täglich in Korsika. Natürlich, es ist wunderschön, am Strand entlang zu joggen. Aber vor allem ist es Vor- und Nachbereitung, die nur so geschehen kann.

Also doch nichts mit Philosoph in Lissabon, es sei denn, ich werde der stille Philosoph, der nie etwas aufschreibt.

Vielleicht müsste ich mir dann doch ein Hündchen zutun.

Wenn dann je jemals jemand danach fragte, was ich hier mache, könnte ich auf das Hündchen zeigen und antworten: filosofo.

Denn so würde mein Hündchen heißen.

Der Türtrommler

Es war an einem heißen Sommer-Morgen am Ende der neunziger Jahre. Wir hatten getanzt, ja, am Morgen, verrückte neunziger Jahre, nicht in den Morgen hinein, das wäre ja noch schöner gewesen. Es war Mittwoch, nicht Samstag, und nicht eine Party-Woche, sondern eine Woche in meiner Ausbildung zum... zum... ich muss jedes Mal wieder ernsthaft überlegen, wie das heißt: zum integrativen Körper- und Energie-Therapeuten. In Südfrankreich, schön warm. Wir hatten also bereits einige Tage ge-energie-therapeutet, und damit man in diesem Prozess schön am Boden bleibt, war in der Mitte der Woche tanzen angesagt. Zu Trommel und Afrika, so in dem Stil, ganz erdig, entschuldige die Plattitüde betreffend Afrika.

Nach einer Stunde hatten die Lehrer das Gefühl, es würde reichen, fertig Trommel und Afrika. Doch alle wollten weiter tanzen. Der Raum hatte eine Türe, eine nicht sehr solide, die schön vibrierte, denn man daran schlug, und als Resonanzraum einen langen, nackten Gang dahinter. Also benutzte ich die Türe als Trommel und wir tanzten einfach weiter, die anderen jedenfalls, ich hatte meinen einbeinigen Tür-Trommel-am-Ort-Tanz, das freie Bein brauchte ich auch zum Trommeln.
Eine Lehrerin kam danach zu mir, ich machte mich auf den Rüffel gefasst, eine berechtigte Reaktion auf einen Akt der Rebellion, obwohl, es war einfach die Freude am Tanzen, aber erklär das mal jemandem, der darin einen Akt der Rebellion sieht, gute Nacht, und das am Mittwoch Morgen.

«Du hast eine Gabe», sagte sie. Kein Rüffel. Ich machte eine abwertende Handbewegung, auch Geste genannt. «Nutze sie», sagte sie noch. Und ging von dannen.

Ach. Lehrer. Kryptisch. Was für eine Gabe? Der Türtrommler?

Erst kürzlich ist mir die Episode wieder in den Sinn gekommen. Ich bin immer noch kein Türtrommler, solche Türen gibt es bei uns in der Schweiz einfach nicht, das klappt nicht, zu gut isoliert, zu stabil. Aber ich bin momentan daran, Konzepte und einengende Muster loszulassen, wieder einmal, ein endloser Prozess, so scheint es. Die Erfahrung ist dabei, dass, wenn ich nicht mehr in eine Subjekt-Objekt-Geschichte investiere, also letztlich in ein Äußeres, viel Energie in mir selbst zur Verfügung steht, die spontan und kreativ ihre Entfaltung findet. Und dann kommen solche Episoden ins Bewusstsein wie Treibgut, das an den Strand gespült wird. Und plötzlich machen sie Sinn, denn sie werden nicht einfach an den Strand gespült, ein schlechtes Beispiel war das, auch so eine Plattitüde, es sind vielmehr Mosaik-Steine, die an ihren Platz im Mosaik gespült werden.

Deshalb macht das, was in den Sinn kommt, Sinn.

Überall sind sie, diese Türen, an die man nicht trommelt, doch die neue Zugänge ermöglichen. Und so wird eine einfache Türe in einem einfachen Moment der Spontaneität zum Tor in eine neue Lebens-Qualität.

Wo ist die Türe in jedem Moment des Lebens?

Die innere Musik

Das kann es nicht sein, ahnte ich.

Was nicht sein konnte, war zum Beispiel mein Trompetenlehrer am Konservatorium, an welchem ich Musik studierte. Natürlich war er, aber er hatte einen Ansatz-Zusammenbruch gehabt, was ungefähr dasselbe ist wie ein Nervenzusammenbruch, einfach nur in den Lippen. Fatal für einen Trompeter. Ein Trompeter ohne Lippen ist etwa wie... wie... eigentlich ist das ein gutes Bild: wie ein Trompeter ohne Lippen.

Dem Phänomen des Ansatz-Zusammenbruchs war ich in noch jüngeren Jahren schon einmal begegnet, als einer meiner Trompeter-Kollegen einen solchen als Akt der Rebellion produzierte, er wollte schlicht kein Klassik-Wunderkind werden und durchkreuzte so die Pläne der ehrgeizigen Mutter, heute spielt er wunderbar Saxofon, das taugt nicht für eine klassische Musik-Karriere, aber für einen glücklichen Musiker.
Beim Kollegen war die Ursache des Zusammenbruchs offensichtlich, beim Trompeten-Lehrer war es wohl eine Art Weckruf, sich in der zweiten Lebenshälfte neu auszurichten. Keiner von beiden hatten diesen Zusammenbruch provoziert, es ist kein Lippen-Burnout, schleichend, mach mal Pause, lerne zu regulieren, sondern ein klares, plötzliches Nein des Körpers.
Und diese Nein des Körpers, die waren es, die mich ahnen ließen: Das kann es nicht sein. Die Ahnung kam mir, als ich zum Start eines neuen Studium-Semesters wieder in den Heiligen Hallen der Musik stand, um

mich herum Musiker teils von Weltrang, von denen viele weder gesund noch glücklich aussahen.

Ich hätte nun einfach ein paar hundert Meter weiter ein Psychologie-Studium beginnen können. Das wäre der naheliegendste Weg gewesen. Doch der Gedanke hatte mich nicht einmal auch nur gestreift. Denn dies war keine Angelegenheit des Denkens.

Ich hatte damals schon ein paar Jahre Taiji und Qigong mit mir, und im Konservatorium war ohnehin das Fach, das mir am meisten gefallen hatte, ein Fach, das mit Körperbewusstsein zu tun hatte und irgendwie so hieß. Geatmet hatten wir da, wahrgenommen, den Herzraum geweitet, auf die Körperstruktur geachtet, solche Sachen. Wunderbar. («Ich brauche das nicht», hatte der Schmächtig-Intellektuelle mit wallendem Haar gesagt und es zurückgeworfen, «Ich bin Organist.»)

Ich hatte mich damals entscheiden, integrale Bewegung zu meinem Weg zu machen, auch wenn ich das damals noch nicht so benennen konnte, und ich bin noch heute unendlich dankbar für meine Entscheidung. Ich staune täglich, wo dieser Weg mich und meine Weggefährtinnen und Weggefährten hinführt, und ein Ende ist nicht abzusehen.

Das Körper-Sein ist unermesslich. Man kann nicht gegen das Leben leben, ohne dass der Körper interveniert. Es muss kein Zusammenbruch sein, doch alles, was wir gegen das Leben leben, manifestiert sich, als eingeengte Bewegung etwa, als hölzerne Schritte, als chronisch versteifter Nacken.

Je mehr wir das Körper-Sein kultivieren, desto weniger Plätze gibt es im Körper, an denen wir uns oder etwas verstecken können. Der Körper und das gesamte Wesen wird offen und durchlässig. Verdrängen klappt weniger und weniger, ganz einfach darum, weil die Stauräume verschwinden, wo wir etwas hin verdrängen könnten. Denn das ist ein wesentlicher Effekt des Prozesses, den wir mit Bewegung einleiten: Stauungen abbauen und die Wege wieder zu Wegen werden lassen. Den Lärm abbauen, damit durch die inneren Heiligen Hallen die Musik des gelebten Lebens strömt.

Als ich mich entschieden hatte, diesen Weg zu gehen, hatte ich ja keine Idee, wo das alles hinführen würde.
Aber ich hatte eine Ahnung.
Die Ahnung, das war ein Empfinden.
Das Empfinden ist immer körperlich.
Der Körper wusste, wohin es gehen sollte.

Zum Glück hatte ich meiner inneren Musik gelauscht und mich von ihr tragen lassen.

Ich studiere sie immer noch, die Musik.
Die innere Musik.

Ein Hoch auf Jimmy

«Wie es wohl Jimmy und Susan geht? Ich möchte sie gerne wieder einmal sehen», sagte jüngst meine Frau. Wenige Stunden später kam die Email von Susan.

Jimmy und Susan hatten wir kennen gelernt, als wir 1996/97 in Kalifornien ein halbes Jahr tagein tagaus Taiji lernten, und sonst nichts. Fast nichts, wir wurden als nette, junge (und im Fall meiner Frau schöne) europäische Exoten gerne zum Essen eingeladen. Zum Glück, sonst wären wir wohl noch ganz aus den Kleidern gefallen.

Jimmy war seit vielen Jahren an der Schule, an welcher wir jetzt zu Gast waren, und unterrichtete manchmal auch selbst. Und so waren wir auch bei ihm und seiner Frau zu Gast.

Als wir auf den europäischen Kontinent zurückkehrten, wurden wir in das Wunder des Versendens und Empfangens von Emails eingeführt und hatten sogar bald einen eigenen Computer, einen Laptop, mit dem man auch Nägel und Köpfe einschlagen konnte.

Also blieb der Kontakt zu unseren Taiji-Freunden noch etwas bestehen, bevor er dann im Leben versandete.

Gute 15 Jahre nach unserem letzten Kontakt fragt sich also meine Frau, wie es den beiden wohl geht, und äußert ihren Wunsch nach Kontakt, ohne diesen bereits aufzubauen. Denn wir haben keine Email- oder andere Adresse mehr. Das war am Abend. Am Morgen war die Email von Susan im Postfach.

Es stellt sich heraus, dass Jimmy noch immer wöchentlich ins Taiji fährt. Etwa 75 bis 90 Minuten, wenn ich mich recht erinnere. Für Amerikaner ist das nicht weit und lange, für Schweizer schon, denn dann sind wir ja schon an irgendeiner Grenze unseres Ländchens angekommen.

Jimmy selbst wird jetzt irgendwo in den späteren Siebzigern sein, schätze ich. Seit über dreißig Jahren fährt er also wöchentlich in den Taiji-Unterricht zum selben Lehrer, zu Chris. Dass dieser seit weit über dreißig Jahren unterrichtet, erstaunt mich nicht. Das ist, so finde ich, ganz natürlich für einen Taiji-Lehrer. Ich selbst bin jetzt 20 Jahre am Unterrichten, und es kommt mir nicht vor, als sei das eine lange Zeit, und hoffe auf noch viele Jahrzehnte.

Aber dass ein Schüler dreißig Jahre lang den Weg auf sich nimmt, das berührt mich tief in meinem Herzen.

Ich hoffe, wir sehen uns bald einmal. Ich möchte ihm das gerne persönlich sagen.

Der Körper vergisst nicht

Es fällt vor allem auf, wenn wir nach Korsika und zurück fahren. Da muss ich mich verrenken. Und zwar an der Zahlstation, wenn ich das Kleingeld entgegennehme. Dass ich meine linke Hand nicht so weit drehen kann wie meine rechte. Und diese dreht sich so weit, wie Hände sich halt eigentlich drehen. Ich kann also auch sagen: Ich kann meine linke Hand nicht so weit drehen, wie das jeder andere tut, der an der Zahlstation an der italienischen Autobahn sein Rückgeld entgegennimmt.

Irgend etwas von *scusi* und *nato* kann ich dann sagen, so geboren, ich hoffe, er meint nicht, ich würde mich für die NATO entschuldigen.

Es fällt dem fachkundigen Beobachter beim Taiji und Qigong manchmal auf, da weise ich darauf hin, dass ich ein schlechtes Vorbild bin, aber das ist ein anderes Thema, und ich kann im Yoga den Pfau nicht wirklich machen, ohne mein Handgelenk zu gefährden. Darum gibt's bei mir öfter mal den einarmigen Pfau, der ist für mein Handgelenk absolut gewaltfrei.

Jahrzehntelang habe ich jedem, der sich dafür interessieren könnte, erzählt, das sei schon immer so gewesen. So geboren. Nato. Kann man nix machen. Nada. Jedem. Die halbe Welt weiß davon. Ich hab's auch nie als Einschränkung empfunden. So wie ich alle meine Einschränkungen eigentlich nicht als Einschränkungen empfinde. Zum Beispiel den Käfer bei meiner rechten Augenbraue, sprich das Muttermal, das von Kindern gerne für einen Käfer gehalten wird.

«Hast du mal den Arm gebrochen», hat eben erst eine Freundin mit fachkundigem Blick gefragt, daran herumtastend. Nö. So geboren eben.
«Sicher?»
Weil die Elle könnte falsch zusammengewachsen sein.

Hmmm.
Ich habe mir erst einmal etwas gebrochen, die Schulter, da, wo man den Arm hebt damit, als Teenager beim Eishockey spielen. Der Doktor hatte mir den 10 Zentimeter langen Nagel gezeigt, Bonjour hieß er, der Doktor, nicht der Nagel, und das würde dann sechs Wochen dauern bis geheilt, gute Nacht. Er hatte mir gesagt, es ginge auch ohne Nagel, dafür wäre der Knochen dann einen Millimeter länger, das dauere auch sechs Wochen. Ich hatte mich für die sechs Wochen entschieden und für den Millimeter Knochen statt für die 10 Zentimeter Nagel, und lief drei Wochen mit hängendem Arm herum. Zum Glück schien ich schneller zu heilen, nach drei Wochen war wieder gut.
Mann, kann ich mich daran erinnern. Drei Wochen mit hängendem Arm. Immer zu Fuss zur Schule, und das im Winter, in dicker, auf die Schulter drückender Jacke, 45 Minuten ein Weg. Schreiben konnte ich nur auf einem Stuhl, kritzeln, ich brachte den Arm nicht aufs Pult. Daher bin ich jetzt rechts einen Millimeter breiter, man fragt mich immer wieder danach: «Entschuldigung, sind Sie rechts einen Millimeter breiter?»

Ich erzähle ihnen dann von meiner linken Hand. Der Arm ist zum Glück vom vielen Hängen nicht länger geworden, oder er hat sich wieder zurückgebildet, wer weiß das schon noch, niemand, das ist schon so lange her.

Denn meine Eltern kann ich nicht mehr fragen, ob ich danach einen Affen-Arm hatte. Und so kann ich sie auch nicht mehr fragen, ob ich vielleicht mal den Arm gebrochen haben könnte, und niemand hatte das gemerkt oder merken wollen, ich würde es theoretisch für möglich halten, ohne hier jemandem Unrecht tun zu wollen.

Interessant ist, dass mir die Möglichkeit eines Bruchs auch nicht im Entferntesten jemals in den Sinn gekommen wäre. Man hatte mich schon vorher gefragt, eine naheliegende Frage, würde ich meinen, ja eine logische, würde ich sagen, absolut folgerichtig und legitim. Doch es brauchte die Frage zu diesem Zeitpunkt von dieser Freundin.

Und plötzlich beginnt sich etwas zu erinnern. Es ist ein unbestimmtes Empfinden. Etwas von unglaublich starken Schmerzen im Arm. Etwas von einer Bettkante vielleicht, Arm, Bettkante, Schmerz.

Es zieht mir den ganzen Körper zusammen. Ich kann nicht sagen, dass der Schmerz da ist, und doch: die Erinnerung an den Schmerz schmerzt im Körper.

Der Körper lügt nicht, der Körper vergisst nicht. Ich weiß aus der Forschung, die ich nicht selber betrieben, aber selber gelesen habe, dass das Gehirn Storys kreiert, um aus einem Empfinden Sinn zu machen. Dass nicht alles, woran man sich erinnert, selbst wenn

man es körperlich empfindet, so geschehen sein muss.
Doch die Tatsache, dass ich nie auch nur im geringsten
daran gedacht habe, dass ich vielleicht einmal den Arm
hätte gebrochen haben können, macht mich stutzig. So
wie die Frage, ob der letzte Satz grammatikalisch überhaupt korrekt ist. Und wie ich «hätte gebrochen haben
können», das klingt ja selbst wie ein Bruch, wohl auf
Italienisch sagen würde, doch ich greife vor.

Habe ich jahrzehntelang etwas verdrängt? Wir werden sehen. Es gibt ja diese lustige Erfindung, röntgen
heißt sie, nach dem Herrn Röntgen, dem Erfinder der
Erfindung. Ich warte jetzt auf die Röntgen-App für mein
Mobilphon, und dann werde ich Gewissheit haben.

Bis dann bin ich ganz lieb mit meinem Arm, fühle mit
ihm, lausche hinein, öffne mich Möglichkeiten, ohne
mich auf etwas einzufahren, und schaue, ob und was
da noch geborgen wird. Und falls etwas geborgen wird,
ist das sicher nicht angenehm. Aber sicher befreiend.

Bergen. Das tun wir mit integraler Bewegung. Erinnern. Und vielleicht kann ich dann das nächste Mal
dem Mann im Häuschen an der Zahlstation eine Geschichte vom gebrochenen, vergessenen und geborgenen Arm erzählen.

Er wartet sicher schon darauf.

Und wenn ich statt *braccio* für Arm aus Versehen *ra-
gazzo* für Junge sage, weil mein Italienisch klingt wie
nach einem Erdbeben, dann sind mir die Tränen sicher. Meine und seine.

Und ich weiß, obwohl ich die eingeschränkte Drehung nicht als Einschränkung empfinde, würde ich weinen, wenn ich die Hand plötzlich drehen könnte. Dieses Empfinden streift seit jener Frage jener Freundin immer wieder mein Herz.

Danke für die Frage.
Viel Großes beginnt mit einer Frage.
Wie wir jetzt wissen.

Ganz. Wenig reicht.

«Wie hast du diesen Ort entdeckt?»

Naja, wir sind einfach losgezogen. Damals, in Korsika, als junge Familie auf Entdeckungs-Reise. So weit wie möglich. Haben neue Räume entdeckt.

Und da war er. Und seit er da war, ist er.

Es war Liebe auf den ersten Blick, jedenfalls von meiner Seite her.

Man könnte meinen, wir hätten ihn entdeckt.

Doch es ist anders rum: Er ent-deckt mich. Immer wieder. Deckt er auf.

Ich kehre wieder und wieder. Er wirft mich aus wie ein Herzschlag, und zieht mich zu sich zurück.

Er hat keinen Namen, er heißt einfach Platz oder Ort, und ich finde das sehr stimmig, nicht die Bezeichnung, sondern die Nicht-Bezeichnung. So im Sinne von: «Das Dao, das benannt werden kann, ist nicht das wahre Dao.»

Bei den Alt-Eingesessenen, den Treuen, die seit zehn und mehr Jahren wiederkehren, heißt er manchmal Taiji-Platz, man braucht nun mal Begriffe, man muss sich verständigen, weil wir damals mit Taiji begonnen hatten, doch unterdessen ist viel mehr daraus geworden, etwas Formloseres, Ursprüngliches, Unmittelbares, Flüsse von Bewegung, enge Kategorisierungen und Spezialisierungen hinter sich lassend. In einem Jahr hatte ich ihn den «Platz-des-Nicht-Begreifens-und-Ergriffen-Werdens» genannt, was in seiner Umständlichkeit schon fast wieder Chinesisch klingt. Diese Namensgebung war aber sehr kontext-bezogen und nie zur Ewigkeit gedacht, man muss sich nur die Länge des Schildes vergegenwärtigen, auf welchem dieser Name Platz finden muss; zudem bin ich in keiner Position, einen Teil Korsikas zu benennen, zum Glück, wo kämen wir da hin.

Die Holperstraße führt zu ihm, sie selbst schon ein Erlebnis. Manchmal, nach seltenem Regen in der Nacht, setzen Pfützen von unermesslicher Tiefe Akzente. Einmal, so die Erzählung, sei eines unserer Autos in einer dieser Pfützen geschwommen wie ein Floß. Solange die Füße trocken blieben, gäbe es keinen Grund zur Besorgnis, hätte der erfahrene Fahrer beruhigt.

Zuhinterst ist er, der Platz, am Ende, da, wo es nicht mehr weiter geht, wo man aussteigt und zu Fuß geht, um Neuland zu entdecken. An einem Strand, dessen Ende ich in all den Jahren noch nie erreicht hatte.

Vielleicht an diesem Strand sind vor langer Zeit die Phokäer an Land gegangen, noch bevor Parmenides aus ihrer Reihe seine Traumreise in die Realität unternahm, «so weit mich meine Sehnsucht trug», eine Kultur der Stille und der Sehnsucht, die mystischen Ur-Wurzeln unserer Kultur. Deshalb gibt es auf Korsika immer noch Unternehmen, die den Namen Kyrnos in sich tragen. Kyrnos, der griechische Name Korsikas.

ich möchte eine Straße gehen
in Gassen wandeln
die ich nicht erbaut
um mit ihnen zu wandern

den Menschen vor mir
um in ihren Raststätten zu verweilen

ihren Räumen
und Bildern
Gedichten
und ihrer Musik zu lauschen
in Stille
zu vernehmen von ihren Träumen
ihrem Werden
ihren Taten
um gestärkt zu stehen

bis ich an das Ende der Strasse
der Gassen
des Weges komme und
nun selber baue

damit andere ihn gehen und weiterbauen können

Nachklänge der Stille hinterlassen
Spuren des Spurenlosen
Räume des Unendlichen

Der Ort berührt mich jedes Mal neu. Er ist mir nicht deshalb wichtig, weil ich seit Jahren hierher komme, weil ich hier schon so viel erlebt habe, weil er deshalb voller Geschichten, also «aufgeladen» wäre. Im Gegenteil. Der Ort öffnet mich immer wieder einer neuen Fülle hin, aus einer berührenden Unberührtheit und direkten Unmittelbarkeit. Es ist die stille Fülle und die volle Stille.

Das Sein ist ein Werden, das Werden ist. Werden bedeutet nicht, immer mehr zu werden. Seit unendlich langer Zeit, für mich seit bald zwanzig bescheidenen Jahren, ist dieser Platz, und er ist relativ unverändert. Er variiert ein wenig auf der Oberfläche, aber er wird nicht anders oder größer oder besser. Er optimiert nicht andauernd, er expandiert nicht, und er macht, so weit ich weiß, keine Weiterbildungskurse, jedenfalls sind keine Diplome sichtbar, mit denen er sich schmückt. Und doch ist dies ein Ort, an welchem ich das Werden deutlich spüre, in jeder Mikrosekunde. Eine sprudelnde Quelle. Und dadurch werde ich eingeladen, zu werden.

Alles zeigt sich hier in aller Deutlichkeit als das, was es ist: ein ganzes Sein, das immer wird. Der Wind und das Licht, die Lichter des Himmels, des Meeres und der Erde, das Rauschen der Wellen und des Windes in den Bäumen, die Düfte und der Raum, den sie durchwehen, sie sind eines. Es ist kein übersinnliches Eines, sondern ein sinnliches. Kein metaphysisches Eines, sondern ein physisches und physisch erfahrbares. Dieses Eine heißt uns willkommen, bettet uns ganz selbstverständlich ein. Wir sind keine Fremd-Körper. Und deshalb werden wir eingeladen, unser Möglich-Werden zu verkörpern. Darum ist dies der perfekte Ort, um einen zumindest teilweise entfremdeten Körper wieder neu zu beheimaten.

Alles ist hier offen-sichtlich. Nichts ist versteckt, auch das Unbenennbare nicht. Ich kann es trotzdem nicht benennen, aber es ist trotzdem nicht versteckt. Nicht in der Tiefe der Jahrhunderte, nicht in der Tiefe des Herzens, nicht in Geheimnissen. Der Platz ist weit offen und lädt uns ein, weit offen zu sein. Ohne Maske, ohne

Gewand. Wir können uns nicht verstecken, und wollen das auch nicht.

Ich bewege mich durch diese geschenkten Räume und spüre, dass sie mich durchraumen.

Ich ruhe in Bewegung, bewege die Ruhe in mir, lasse mich von der Ruhe in neue Räume bewegen, und damit in ein neues Leben. Und werde berührt von etwas, das ich nicht benennen kann.

Die Trennungen lösen sich auf. Innenraum und Außenraum, ich und das Andere. Die Bewegung entspringt dem Raum und dem Moment, dem Hier und Jetzt. Selbst die Bewegungs-Traditionen werden hier wieder zu dem, was sie schon immer waren: zu Flüssen. Ihre Quelle, ihre Ursprünglichkeit, ist jetzt hier, allen zugänglich, sich an alle verschenkend, ja in Überfülle verschwendend.

Ich vertiefe mich in den Körper
Ich vertiefe mich ins Wahrnehmen
Ich vertiefe mich in mich
Ich vertiefe mich in mir
Ich vertiefe mich

Zeit wird Ruhe
Ruhe wird Raum
Raum wird Tiefe
Tiefe wird Stille
Stille wird Fülle
Fülle ist neues Leben

Ich lasse los, lasse noch mehr von dem, was ich nicht bin, sein, damit es ent-werden kann. Ich staune immer wieder, was und wer ich alles nicht bin. Jahrelang halte ich mich für jemanden, nur um zu erkennen, dass mir dieser Jemand keinen Halt gibt.

Ich lass den Wind
dich von mir tragen
weg von mir
weg von hier
zu deinen Horizonten

Ich liebe den Wind. Er ist wie der Atem, immer im Werden und Vergehen, doch immer da, manchmal laut und unüberhörbar, manchmal kaum wahrnehmbar. Aber immer da. Verlässlich. Ich kann mich ver-lassen.

Wind berührt. Das ist seine Natur. Der Wind ist immer berührend, selbst wenn er mich dabei wohl kaum bemerkt.

Ich bin berührt, dass viele TeilnehmerInnen immer wieder nach Korsika kommen. Die Wiederkehr bewegt mich. Und es berühren mich auch diejenigen, die nicht wieder kommen. Weil das Leben andere Wege nimmt oder weil dies schlicht nicht ihr Ort ist.

Sie gehen weiter. Für mich ist es öfters als ich es mir wünschte ein Verlieren, ein persönlicher Verlust.

Den Menschen
die ich verlor
begegne ich im Wind

der Wind
er kommt nicht zu mir und weht dann weiter

er hält sich nicht mit mir auf
ich bin in ihm
er berührt mich
bewegt mich

ich bedeute ihm nichts
und er mir alles

wie die Menschen
die ich verlor

Es braucht ganz wenig, um ganz zu werden. So viel können wir lassen. Ganz sein heißt natürlich sein. Doch dieses Sein ist nicht statisch. Natur ist nicht statisch. Man wünscht sich einen statischen Zustand herbei, doch je mehr man ihn festhalten möchte, desto schneller wird er sich verflüchtigen. Denn schon ist man wieder im Tun. Man versucht, durch mentale Kontrolle ganzheitlicher Prozesse sich Sicherheit zu basteln. Wir tun, wenn wir das Werden nicht kennen oder anerkennen.

Hier spüre ich das Werden, und damit die Kraft des Möglich-Werdens. Ich ahne sie, gebe mich ihr hin.

Wenn Ernüchterung und Resignation mein Leben einengt, wenn ich des Weges müde bin, kann ich mich niederlassen in die Kraft des Möglich-Werdens, bis ich von ihr wieder bewegt werde.

Und so bewegen wir uns nicht nur, wir sitzen auch. Am Donnerstag Abend in die Nacht hinein. Die Augen-Zeugen ziehen sich in ihr Lauschen zurück.

In der Nacht kommt die Natur etwas zur Ruhe. Diese Nacht ist eine volle Stille, sie schwingt, klingt, resoniert, die Natur an sich, die Grillen, das Meer, aber auch die «anderen Realitäten» sind ganz nah, sind hier, das Subtile ist spürbar, mich als Empfinden durchwehend, präsent, konkret. Die Bäume können sich in den Schutz und die Anonymität der Dunkelheit zurückziehen, ihre Gestalten verschwimmen, lösen sich auf. Die scheinbaren Abgrenzungen, die das Tageslicht erschafft, verschwinden wieder in ihre Ursprünglichkeit, das Verborgene.

Wir beginnen im Verborgenen, und wir enden dort. Manchmal, wenn es ganz dunkel um uns scheint, sind wir vielleicht einfach neu gepflanzt worden.

Letzten Herbst hatten meine Frau und ich am anderen Ende Korsikas einen Entschluss gefasst. Zu diesem Ort zu gehen, obwohl Berge uns davon trennten, auf der Stelle. In der totalen Dunkelheit erst kamen wir an, und ich bin schon lange nicht mehr so sehr nach Hause gekommen wie in diesem Augenblick.

In diesen Nächten
den kurzen
tränenreichen
in denen wir uns
unser Sehnen gestehen
und unser Herz im Strom
des andern zu ertrinken droht
ja in diesen Nächten
wenn wir in die Ferne der Seele
schauen die uns so nah liebkost

Die Meditation am Donnerstag Abend unserer Korsika-Wochen ist für mich immer ein stilles Highlight im Dunkeln.

Der Schutz der Nacht umhüllt auch uns. Unsere Grenzen verschwimmen, die Wahrnehmung kann sich von scheinbar festen Formen lösen und in die Welt der Möglichkeiten eintauchen. Wir spüren in andere Welten, wenn das Offen-Sichtliche sich wandelt, ohne sich in irgend einer Weise zu verbergen. Traumwelten mögen wir sie nennen, oder Psyche, um ihnen ein rationales Gewand zu geben. Wir bewegen uns in diesen Welten; Traumreisen, Fantasie oder Imagination mögen wir sie nennen, zur Beruhigung des Verstandes.

Identifikationen und Identitäten lösen sich auf, ohne dass wir verloren gehen. Die Tiefe des Empfindens ruht in diesem geborgenen Verborgensein.

Es kann etwas unheimlich sein, so im Kreis zu sitzen, im Dunkeln, Rücken an Rücken, nach außen gerichtet, während wir uns nach innen und außen öffnen.

Die Leidenschaft, die in diesem Verborgensein unsere Herzen durchleuchtet, wird nie alt. Wenn ich die Dunkelheit liebe und mich von ihr sanft umhüllen lasse, dann wird aus der Angst Vertrauen, aus dem Rückzug ein Auszug in neue Welten. Der scheinbare Abgrund wird zur neuen Fülle, die mir auf Herzenshöhe begegnet. Distanzen verschwinden. Was bleibt, ist Intimität und Vertrautsein.

In dieser Verborgenheit ist neues Leben geborgen. Hier findet das zarte Pflänzchen einer neuen Freundschaft oder eines neuen Lebens seinen Boden. Eine gemeinsame Bewegung in einen gemeinsamen Raum hinein. Ein Leben, eine Freundschaft, in welcher Distanz keine Rolle spielt, weil sie im Selben gründen.

So finden wir Heimat.

Nicht, dass wir alle Nacht meditieren. Eine halbe Stunde muss in der Regel reichen. Doch es lohnt sich, diesen Ort am frühen Morgen zu erleben.

In der Morgen-Dämmerung wird alles neu, verfestigt sich wieder, verdichtet sich. Allmählich, langsam, faltet sich das Netz wieder aus. Lichte Räume entstehen, als Knotenpunkte darin die Bäume, die wieder zu festen Formen finden und sich locker versammeln. Das Licht kommt sanft, mit ihm der Horizont. Auch ich verdichte mich wieder. Doch das Vertrautsein der intimen Wirklichkeit bleibt erhalten, und ich spüre es als Zugehörigkeit. Das Sanfte bleibt. Der Raum bleibt. Das Netz bleibt.

Während sich der Ort wieder in seine seit langer Zeit gesetzten Räume verdichtet und sich – aus Menschensicht – nur langsam ändert, führe ich ein schnelleres Leben. In den vielen Jahren, in welchen ich hierher zurückkehre, habe ich doch schon eine größere Wandlung durchgemacht. Zum Beispiel deutlich älter geworden bin ich.

Ich weiß nie genau, was der neue Tag bringt, wenn

ich es wage, offen ein neues Leben einzugehen. Ich gehe davon aus, dass die meisten meiner Lebens-Bäume und Lebens-Räume noch sind, wo sie waren, wenn ich aus der Nacht des Subtilen zurückkehre an die Oberfläche von Raum und Zeit. Aber sicher sein kann ich mir nicht. Ich kann nur hoffen, dass sich meine Verletzlichkeit, mein Wagnis, mich dem Unbestimmten zu stellen und ein Fluss zu sein, der sich selbst überrascht, auszahlt. Meine bescheidenen Erfahrungen damit geben mir Zuversicht. Ich nähre mich aus den Wurzeln des Seins, von welchem ich Teil bin.

Wenn eine bewegte Woche zu Ende geht, bleibe ich noch ein bisschen. Eine Ewigkeit. Bis ich den Ort verlasse, aber er mich nicht.

Jetzt durchwandere ich
ohne euch
unsere Welten
sitze unter dem Baum
wo die Gräser singen
deren Lied wir uns im Traum
erträumten
wo wir in unseren Sternenzelten
so oft uns trafen um
das Schweigen zu teilen
nun schweige ich allein
und bald werde auch ich
nicht mehr verweilen
nicht mehr sein
die Stille wird alleine schwingen

Dann ist er wieder, der Ort, er ist einfach da, und das reicht, und er wird da sein, wenn wir wiederkommen, und uns auf seine stille Art wieder willkommen heißen, die Wiederkehrenden, die Neuen, es macht keinen Unterschied, wir sind alle neu, wir sind alle Wiederkehrende.

Ich freue mich schon immer.

Lieber Platz, das ist eine Hommage an dich, und du verzeihst mir, dass ich dich nie richtig in Worte fassen kann. Denn du weißt auf deine Weise, dass das unmöglich ist. Und du weißt, dass ich unaufhörlich daran bin, der Möglichkeit, dass sich das Unmögliche entfaltet, nicht im Weg zu stehen. So gut es mir möglich ist. Auch wenn ich weiß, dass dies ein Weg ist, der nie zu Ende ist. Und dafür, dass es keine Ende gibt, bin ich unendlich dankbar. Der Fluss hat eine Richtung, das reicht. Ich werde zum Fluss, der wir sind.

Du bist einfach da, und darum bin ich auf dem Weg.
Ich fließe. Geborgen in dir.
Selbst wenn ich eines Tages nicht mehr bin.

Das kann ich nicht kenn ich nicht

Ich kann so viel nicht, es ist der reine Wahnsinn. Ja, ich kann sogar ehrlich sagen: Ich kann fast nichts. Das kann ich definitiv. Und ich meine damit nur fast nichts im Bewegungssektor. Aber ich kann auch sonst fast nichts. Ich kann auch keine Raketen bauen, nicht einmal einen einfachsten Computer, mein Sinn für Ethik verbietet es mir, einen Blinddarm zu entfernen, denn der Patient soll ja überleben, ich kann keine Blumen zu einem schönen Strauß zusammenstellen, obwohl man heute mit Hilfe von YouTube ja eigentlich alles selber machen kann, aber das alles tut hier nichts zur Sache. Denn es geht um die Bewegung.

Immer wieder höre ich Aussagen wie «Yoga ist nichts für mich, ich bin zu wenig flexibel» oder «CoreYoga ist nicht für mich, ich bin zu wenig kräftig».

Wenn man nicht fischt, fängt man keine Fische. Fischt man, fängt man Fische.

Wenn ich ein Fisch-Fan wäre, würde ich das auf meinen Grabstein meißeln lassen. Oder wenn ich Fischer hieße. Das ist doch eine schöne Lebensweisheit.

Praktiziert man Yoga, wird man flexibel. Du möchtest einen Körper wie die Yogis und Yoginis auf Instagram? Es braucht zwei Voraussetzungen: 1. Habe einen Körper. 2. Praktiziere Yoga.

«Das kann ich nicht», sei es Yoga oder Taiji oder Kuchen backen, ist eine beliebte Aussage. Es ist auch der Lernkiller Nummer 1. (Nummer 2 ist: Das kann ich schon.)

Das kann ich nicht kenn ich nicht. Nicht, wie die aufmerksamen Leserinnen und Leser schon wissen, weil ich alles schon kann, darum die Einleitung, im Gegenteil. Sondern weil das, was ich noch nicht kann, eine Motivation ist, mich darin zu finden. Überall ist Motivation! Ja!

Mit jeder Bewegung, die ich entdecke, entdecke ich einen neuen lebendigen Teil von mir. Auf meiner Reise zur Ganzwerdung (die nie abgeschlossen ist) ist es immer ein Zeichen, dass sich etwas integriert, wenn sich eine neue Bewegung durch mich zu entfalten beginnt. Neue Bewegung bedeutet dabei nicht immer noch mehr und noch verrückter, es kann auch eine neue subtile Qualität, eine neue innere Bewegung sein.

Ist es nicht unglaublich, zu welchem Bewegungsspektrum der Mensch fähig ist? Er kann vielleicht nicht so schnell rennen wie ein Panther und nicht so lange die Luft anhalten wie eine Wasserschildkröte, aber er kann rennen und schwimmen und tauchen und klettern, werfen, fangen, springen, auf den Händen oder auf dem Kopf stehen, tanzen in zehntausend Variationen und und und. Unerschöpflich. Ich finde das unglaublich. Ich wundere mich immer wieder, im positiven Sinn. Nicht, wie man sich als Erwachsener wundert, wenn man sich fragt, ob da jemand noch bei Sinnen ist, sondern wie ein Kind, das noch offene Sinne hat und der Welt in ihrer Ganzheit begegnet.

Man könnte meinen, ich sei mit einer kindlichen Einfachheit gesegnet. Leider bin ich das nicht. Ich kenne die Fragmentierungen nur zu gut. Ich weiß noch, wie ich als Teenager eines Tages in den Spiegel blickte und fragte: «Wo bist du?»

Ich meinte das Leuchten. In meinen Augen. Das unberührte Leuchten des Lebensfrühlings.

Nun, ich habe es mir wieder zurückgeholt. Beziehungsweise, das ist mein Gefühl, ich habe es wieder eingeholt. Es war mir einfach etwas vorausgegangen.

Die Praxis des Einholens war und ist meine Bewegung. Und so wundere ich mich heute wieder über ganz einfache Dinge, zum Beispiel:

dass mein Kätzchen schnurrt,
dass Musik klingt,
dass Menschen tanzen,
dass jemand so schön sein kann,
dass auf den Winter der Frühling folgt, der sich in einen Sommer weitet und in einen Herbst mündet,
dass ich immer weine, wenn ich 079 von Lo & Leduc höre. Aber. Immer.

Aber eigentlich war ich ja beim unerschöpflichen Bewegungsspektrum. Wir leben in einer Kultur der Spezialisierung. Doch als bewegte Menschen sind wir keine Spezialisten (Panther und Schildkröten), sondern unerschöpflich Bewegte. Das unerschöpfliche Potenzial ist meine Freude und das, was ich teilen möchte. Die Be-weg-ung ist Weg, weil man in diesem Potenzial nie ein Ziel erreicht.

Das Spektrum ergibt sich nicht aus einer Notwendigkeit. Daraus ergibt sich die Spezialisierung. Ein Steinzeit-Jäger musste nun mal werfen können. Ein Inselbewohner muss tauchen können. Das Spektrum entfaltet sich, weil der Mensch das komplexeste Wesen auf diesem Planeten ist. Wir haben in jeder Beziehung ein unermessliches Spektrum in uns angelegt. Mit nicht-spezialisierter Bewegung geben wir diesem Spektrum eine Heimat.

Den Weg als Heimat erkennen und die Fülle feiern.
Das Wunder des Lebens.
Darum praktiziere ich.

Um bewegt und berührt zu sein, zu bewegen und zu berühren.
Auf diesem Weg gibt es kein «das kann ich nicht».

Kennst du das?

Skywalker. Luke Skywalker

Sie hatte mich durch das Schaufenster angelacht. Und mich gewonnen. Denn ich brauchte sie. Und so war ich im Yoga-Studio einer Yoga-Lehrerin gelandet, die sich wie kaum eine andere auf Instagram zu inszenieren weiß. Und jetzt lud sie mich zum Kite-Surfen ein.

Aber ich glaube, ich muss nochmals von vorne beginnen. So viel Verwirrung, wenn ich nur von ihr spreche, es entsteht da eine Geschichte, die nie so passiert ist.

Darum, nennen wir die Dinge beim Namen:

Ich brauchte eine Yoga-Matte. Unverhofft sah ich eine im Schaufenster des Yoga-Studios in einem der verrücktesten und liebenswürdigsten Städtchen überhaupt: Paia auf Maui.

Wenn man zwischen Paia und der nächsten Stadt einen Mann am Straßenrand sieht, der tagaus, tagein ein Kreuz aus Plastikrohren hin- und her schleppt, dann ist das nur ein Beispiel. Dieser Mann, dessen Name ich nicht kenne, aber ich bin ziemlich sicher er ist nicht Jesus, hat eine Geschichte, die ich einmal gehört hatte. Aber mein Hirn musste zu diesem Zeitpunkt so voll mit Yoga gewesen sein – oder eben so leer vom Yoga – dass ich mich beim besten Willen nicht daran erinnern kann.

Item. In diesem Städtchen also, im Yoga-Studio der sich gerne inszenierenden Yoga-Dame stand die Yoga-Matte, Limited Edition, lebenslange Garantie. Sie war mir ins Auge gesprungen, was eine ebenso unglückliche Formulierung ist wie: sie hatte mich angelacht.

Jedenfalls. Ich betrat das Yoga-Studio und wurde von einer sehr netten, sehr amerikanischen, also sofort offenen, sofort Freunde, schönen jungen Frau bedient, die nicht die Instagram-Yoga-Lehrerin war, die ich aber eigentlich hätte fragen sollen, ob sie auch ein Instagram-Profil hatte. Man stellte sich natürlich vor, man redet sich ja an in Amerika, man ist Freunde, also ich war der Martin, ihren Namen weiß ich auch nicht mehr, irgendwie vergesse ich alles.

«Ich mag, wie du deinen Namen sagst», sagte sie, und sprach mir nach: «Martin. So würden sie dich in Wisconsin» – oder war es Albuquerque oder wo ganz anders, einfach provinziell, so viel zum Vergessen – «auch nennen.»

Nun mag man sich fragen, warum man mich dort so nennen würde, denn es war ja mein Name. Wenn ich in Amerika bin, heiße ich «Mardn», etwas Zerqautes, als die Mischung von Zerkaut und Zerquetscht, das I hört man gar nicht, nach dem Ma nur noch ein Ausrutscher. Lange mochte ich das nicht, weil ich mag das I und die Akzentuierung in der Mitte des Namens, eigentlich ist es ja noch schön, wenn man seinen Namen mag, schließlich war er das erste Geschenk, das man bekommen hatte. Und das man immer noch hat. Ich nannte mich dann manchmal Luke, nach meinem zweiten Namen, «as in Skywalker, you know», das war realistischer in Amerika, obwohl da ja auch kein I drin war, aber das war nicht schlimm. Der Name wurde mir auch geschenkt, und ich mag ihn, auch weil er für mich eine verborgene Referenz zu besagter Wurzel der Skywalker-Tradition ist, Spacewalker, und damit meine ich gar nicht den amerikanischen postmodernen Abklatsch, den ich nicht sonderlich mag. Nicht, dass ich mich in jene Reihe stellen würde, Gott bewahre, aber der Name verwurzelt mich dort, und ich hab's ja im Rahmen von Bewegung auch immer wieder vom Raum und verschiedenen Ebenen der Realität, ich hatte auch mal ein Gedicht dazu geschrieben.

Und jetzt nannte ich mich eben bei meinem ersten Namen, denn der war auf der Kreditkarte. Wir redeten noch ein bisschen, sie hatte mal einen WG-Partner aus der Schweiz, das musste ein sehr glücklicher oder sehr unglücklicher Mann gewesen sein, sagte sie nicht, aber dachte ich mir, und dann lud sie mich zum Kite-Surfen ein. Ich ging nicht hin, denn ich kann nicht Kite-Surfen, und ohnehin hatte ich bei ihr keinen Kite, sondern eine Yoga-Matte gekauft, und das, was man darauf anstellt, war mein Fokus in diesen Tagen. Keine neuen Freundinnen, kein Kite-Surfen. Yoga.

Ich war in einer Yoga-Ausbildung (nicht beim erwähnten Yoga-Model), bei der ich es in der Vorstellungsrunde mit Martin versucht hatte, hatte aber gesagt, ich würde so heißen, wie ich es aussprach, und würde das I in meinem Namen begrüßen, also hatten mich alle Martiiiin genannt, «as in Teen-ager» ungefähr, eine Katastrophe, und die Katastrophe wurde wie das I länger und länger während dieser vier Wochen Yoga, ich erkannte mich am Ende gar nicht wieder. Daraus wurde eine Katharsis, lassen wir's, jetzt heiße ich im Anwesen von Amerikanern jeweils Mardn, Punkt.

Ist ja auch recht so.

Man schreibt ja viel im Laufe eines langen Lebens, jedenfalls als Vielschreiber, und das bin ich, es ist meine Art, vielleicht irgend eine Art von Fährte zu hinterlassen, wer weiß, fragen wir uns nicht doch alle, ob und welche Spuren wir eines Tages hinterlassen, aber vor allem ist es eine Art der meditativen Versenkung für mich, und überhaupt, die wichtigen Spuren hinterlasse ich in ein paar ganz wenigen Herzen, auch ohne Geschreibsel. Item, ich hatte mal eine kleine Reihe zur «Kunst des Friedens» geschrieben, obwohl ich eher denke, Friede ist eine Kompetenz, und ein Artikelchen hieß «Handle in deinem Namen». Nicht im Namen Gottes oder einer Religion oder eines CEOs, und ich finde, das kann man so gelten lassen.

Also. Der Instagram-Dame war ich dann später übrigens noch diagonal über den Weg gelaufen. Beim über die Straße Gehen. In Paia. Sie war unübersehbar. Sie hatte mich nicht bemerkt.

Kein Wunder.

Und die Yoga-Matte? Die ist jetzt in Kalifornien. Sie war mir zu groß, um sie nach Hause zu nehmen, also hatte ich sie einer Frau geschenkt, die, wie ich finde, einen wirklich coolen Namen geschenkt bekommen hatte: Brooklyn.

Das Gedicht? Voilà:

Windläufer

Sie flüstert leise
dass sie ihn
durch Länder unerobert von Worten
zu der Zeit führt
in der Sinne noch nicht Sinn geworden

sie streichelt und umliebt ihn
trägt ihn hinweg ins Hier
wo er erwacht zu einem Sein
das ist

und er dreht sich von innen nach außen
und blickt
den Himmel unter seinen Füßen
auf die Ahnenkette des Lichts

Salamba Sarvangasana

Salamba Sarvangasana! Dazu den Zauberstab mit einem gekonnten Zwick am Ende schwingen, und wir sind mitten in Harry Potter. Was wohl daraus wird? Ob ein rosarotes Eichhörnchen oder ein geschrumpfter Zauberlehrling: auf jeden Fall Magie.

In meiner Praxis wird aber nur ein Schulterstand daraus, und auch das nicht mit Hokuspokus, sondern mit viel Einsatz, genauen Instruktionen, Einsichten und Übung. Umkehrhaltungen bringen die eigene Körperwahrnehmung wunderbar durcheinander und das energetische System wunderbar ins Gleichgewicht. Wenn das Gewicht der Welt auf unseren Schultern lastet, können wir die Schultern an die Welt abgeben. Dieser Schulterstand mit seinem Sanskrit-Namen bezeichnet, führte im Yoga-Workshop bei der jüngeren Generation der Teilnehmerinnen, bei denjenigen, die tatsächlich mit Harry aufgewachsen sind, zu jener potterigen Assoziation, was haben wir uns amüsiert.

Magie. In dreißig Jahren der Praxis habe ich schon viel Unmögliches erlebt, das möglich geworden ist, meistens ganz Unscheinbares. Ich kann auch ein paar kleine Zauber-Kunststückchen, die, wenn nicht als magisch, dann doch als unerklärlich bezeichnet werden können, etwa im Open Hands, ein paar nette Party-Gags. Dumm nur, dass ich sie erklären kann, und dass dahinter viel Praxis steckt, vor allem innere, unsichtbare, aber immer erklärbare. In einer Zeitungs-Anzeige zu Taiji-Kursen in den neunziger Jahren wurde Taiji als «eine Bewegungsform voller magischer und geheimnisvoller Symbole» beschrieben. Schön formuliert, aber weit gefehlt.

Es gibt keine Geheimnisse, heißt ein wunderbares Taiji-Buch von Wolfe Lowenthal. Die Kunststückchen sind nicht das Resultat von Magie. Sie sind auch nicht das Resultat der Praxis, sondern ein Nebeneffekt zur Illustration des Innern. Ein ganzes Kapitel der Yoga-Sutras nach Patanjali befasst sich mit solchen Neben-Effekten und klassifiziert sie ganz klar also solche.

Dass dahinter eine Praxis steckt, will aber manch einer nicht wahr haben. Man möchte staunen oder einfach Teil der Magie sein. Und sie wenn möglich einfach so, durch direkte Übertragung, übermittelt bekommen.
Salamba Sarvangasana!

Als meine Frau und ich als junge Eifrige in Kalifornien waren, um Taiji zu lernen, ging in der Schule die Frage um, warum wir so schnell lernten. Von vergangenen Leben und Wiedergeburt, von Zugang zur Akasha-Chronik bis zu schlichtem Talent war die Rede. Kalifornische neunziger Jahre halt. Als würde einem mit Talent einfach so eine Taiji-Form geschenkt. Ich habe eine andere Theorie: Wir haben neben dem täglichen Unterricht täglich vier bis sechs Stunden praktiziert.

Bei mir gibt es keine Magie. Ich entzaubere die Welt nicht, indem ich sie reduziere. Ich möchte zur Fülle hin öffnen. Das ist aber keine Magie. Magie ist ein Tun, kein Dialog. Alles, was ich mache, ist, Menschen mit ihrer inneren Bewegung in Dialog zu bringen. Sie an das zu erinnern, was bereits vorhanden ist.

Bei mir gibt es kein Spektakel. Denn das lenkt ab von der stillen Fülle des Gesamtseins.

Und so sind wir kürzlich im Taiji auf meinen persönlichen Fokus gekommen. Nach dreißig Jahren in Bewegung, welche erhabenen Zustände und Einsichten hat man da?

Ich hatte gerade wieder mal ein paar Monate auf meine Füße fokussiert. Auf ihre Position im Raum und auf ihren inneren Raum, das heißt, ihre Struktur. Weil da noch wichtiges Potenzial war. Und immer noch ist.

Nicht sehr magisch, könnte man meinen.

Oder spirituell. Doch, ich finde schon: spirituell. Ich komme gleich darauf zurück.

Das Schöne ist: Wenn man durch die Form verschiedenste Impulse praktiziert, von Körperstruktur über Atmung, Energiefokus, Anwendungen und so weiter, wird sie zum Pool. Sie antwortet dann quasi, obwohl das eine ganz vereinfachte Darstellung ist. Will konkret sagen, und das bezieht sich nicht nur auf Taiji: Wenn ich mich täglich in meiner Praxis bewege, zeigt mir die Bewegung an sich auf, was gerade ansteht, und entfaltet es. An einem Tag ist es die Erdung in den Füßen. Am nächsten ist es das sanfte Öffnen und Schließen. Dann ist es die innere Achse, die Goldene Linie. Dann ist es die Mobilität der Wirbelsäule, oder die Integration der linken Hand. Dann ist es ein Aufgehen im Eingehen, dann das Bewegtsein mit der Atmung. Die Bewegung und der Körper, sie wissen, was die Gesamtheit genannt Martin jetzt gerade braucht. Ich übergebe mich dieser Weisheit, dass sie mich befreien kann.

Ein unersetzlicher Wert der Praxis liegt gerade in unserer Zeit, in welcher man vieles konsumieren kann und in welcher das Echte immer öfter durch Fake ersetzt wird, darin, dass man sich eine Taiji-Form nicht einfach mal schnell einkauft. Man bleibt dran. Einen Handstand erarbeitet man sich über lange Zeit. Auch Gesundheit ist das Resultat einer bewussten Praxis. Der Körper ist das Abbild der Praxis. Direkter Körperkontakt, etwa im Bewegungs-Dialog, bleibt unersetzlich. Für immer.

Spiritualität ist für mich das Eingebundensein ins Eingebundensein. Die Verwirklichung des Unvermeidlichen. Das verkörperte Gesamtsein. Und darum erlebe ich den Fokus auf Füße als spirituell, einen Handstand oder Körperkontakt ebenso. Darum gibt es bei mir keine Unterscheidung zwischen Körper und Geist, spirituell und profan, Therapie und Kunst, Ernst und Spiel. Praxis ist all das. Ein unendliches Spiel. Gerade das Spielen, unser ureigenstes Lernverhalten – und dasjenige praktisch aller Lebewesen, die sich bewegen – wird so gerne unterschätzt oder vielleicht wohlwollend als Auflockerung begrüßt, bevor man sich wieder dem Spirituellen und damit Wichtigen oder dem Weihevollen oder den Räucherstäbchen oder dem OM zuwendet.

Ich begegne immer wieder Menschen, deren natürlicher Zugang zum Heiligen verschüttet ist. Der natürliche Zugang zum Heiligen – und heilig heißt ganz – ist auch deshalb verschüttet, weil man in diesen trennenden Dualismen gefangen ist. In Worten und Begriffen zu Hause ist, statt im Ergriffenwerden, in Symbolen und Gesten. Doch meine Aufgabe ist dann nicht die Erziehung, geschweige denn die Unterhaltung, sondern die Hinführung zur Praxis. Dies ist meine einzige und alleinige Aufgabe. Denn die Praxis, die ich anbiete, führt zu dieser Ganzheit und der Überwindung der Dualismen und Trennungen. Selbst wenn sie zumindest mich definitiv nicht zum Heiligen macht. Immer noch ganzer? Ja, gerne! Heilig? Nein danke.

Was ist Praxis? Eddie, einer meiner wichtigsten Yoga-Lehrer, ein ganz menschlicher Mensch, hat das ganz klar gemacht: Zur Yoga-Lektion zu kommen ist nicht Praxis. Zu unterrichten ist auch nicht Praxis. Praxis geschieht zu Hause, auf der eigenen Matte, in der steten Beschäftigung mit sich selbst. In Partner-Settings in steter Vertiefung in das Gemeinsame.

In einer Korsika-Woche hatte ich die Teilnehmenden in das Innerste meiner Praxis eingeladen, indem ich einen Morgen lang einfach meine Praxis mit ihnen geteilt hatte, ohne zu reden, ohne zu unterrichten, ohne die Aufgabe, mich zu imitieren, aber mit der Möglichkeit, ein- und auszusteigen. Mit einer vorbereitenden Hinführung und einem begleitenden, sanften Leitfaden. Und das an meinem heiligsten Ort. Als Premiere auch eine mir sehr am Herzen gelegene Praxis, Umi, die ich Jahre lang für mich praktiziert hatte, bevor sie nun den Weg nach außen fand und schon bevor sie einmal praktiziert wird beurteilt wird. Es war definitiv kein Spektakel. Es war völlig spektakel-los. Und ging daher auch weitgehend unbemerkt vorüber. Lieber wendet man sich dem Spektakel zu. Für mich war das wohl der intimste Moment in meiner Lehrer-Karriere.

Warum mir der Ort heilig ist? Sicher auch, weil ich schon hunderte von Stunden mich auf ihn eingelassen habe. Für andere ist es einfach ein Platz. Natürlich.
Der Ort ist ein Spiegel. Ein bisschen ein Zauberspiegel, denn er zeigt immer die nächste, unter der Oberfläche liegende Ebene des Selbst, das hinein blickt.

In meinem Angebot gibt es keine Räucherstäbchen und schöne Zitate von indischen Meistern. Es gibt keine Heiler und Heilige. Es gibt Füße und richtige Belastungen der Handgelenke. Es gibt Reisen durch verschiedene Aspekte des Selbst. Es gibt sich entfaltende und einfaltende Bewegung. Es gibt mich und dich in verschiedenen Zuständen und auf verschiedenen Abschnitten auf unserem persönlichen Weg. Es gibt zentrieren und öffnen, weiten, vernetzen und integrieren. Darum hieß die Werkstatt Werkstatt. Weil dort Werkzeuge vermittelt wurden und Handwerk angewendet wurde. Und so ist es auch jetzt, jenseits der Werkstatt. «Die Kunst des…» lässt sich nicht vermitteln. Aber das Handwerk, das kann man lernen.

Kurze, angenehme Zustände – Wellness – sind nicht wesentlich, außer als oberflächliche Motivation. Die Langzeitwirkungen sind wichtig. Das Anwenden der Werkzeuge, sanft und stetig, wie ein Bach, der zum Fluss wird und die Landschaft prägt. Die Nachklänge sind wichtig, und welche Strukturen diese durch tiefe Resonanz errichten. So werden wir zu Resonanz-Körpern.

Ein Fluss sein, der die Landschaft prägt. Was nie vergehen wird, ist die Möglichkeit zur eigenen Praxis. Und
damit die Möglichkeit, das eigene Leben in die eigenen
Füße und Hände zu nehmen.

Spectaculos?

Salamba Sarvangasana!

Federndes Füchslein

AUSSEN. KORSIKA-PLATZ UNTER DEN BÄUMEN.
STRAND – NACHT.
*Sternenhimmel. Morgens um 3 Uhr. Lautes Rauschen
der Wellen. Sehr warm. Martin schlaflos. Eben erst hat
er sich wieder einmal um sich selbst gedreht. Weder links
noch rechts findet er den Schlaf.*

Plötzlich huscht etwas an mir vorbei. Lautlos. Dicht
an mir vorbei.

Doch keine Panik. Wildschweine huschen nicht, und
schon gar nicht lautlos. Ich greife zur Taschenlampe
und leuchte Richtung Meer in die Dunkelheit.

Da ist er.
Oder sie.
Oder, um es allen recht zu machen:
es.

Ein junges Füchslein. So irritiert ist es von meinem
Licht, dass es nicht mehr aufhören kann, in das Licht
zu schauen.

Große, leuchtende Augen. Große Ohren.

Vielleicht ist es auch nicht irritiert. Wer weiß das
schon. Vielleicht ist es interessiert. Denn plötzlich setzt
es sich, wie das junge Hunde auch tun, mit einer unver-
gleichlichen Direktheit, da ist nur das Sichsetzen, sonst
nichts, hundert Prozent.

Da bin ich. Voilà. Jetzt. Hier. Atha. Und ich bleibe
noch ein Momentchen.

Große, leuchtende Augen. Große Ohren.

Wir schauen uns an. Eine ganze Weile.

Und genauso plötzlich und direkt, als hätte es sich auf eine Sprungfeder gesetzt, die sich nun löst, schnellt es hoch, präzise und verspielt zugleich, federnd eben, blickt kurz nach hinten als würde es erwarten, dass die Feder ihm nachgefedert kommt, und schnellt in die Dunkelheit davon. Lautlos. Grazil und kraftvoll.

Ich freue mich auf Korsika. Auf Spielerisches, auf Federndes. Kraftvolles. Unvoreingenommen, spontan. Auf offene Geister der Teilnehmerinnen und Teilnehmer, die so offen sind wie der Geist des jungen Füchsleins.

Ich jedenfalls habe es mir zum Vorbild genommen. Ich kann nur noch jünger werden. Offen huschend, schnellend, staunend, nicht verstehen müssend, grazil, flexibel und verspielt. Wachsend, aber nicht zu schnell. Große, leuchtende Augen.

Das mit den Ohren, naja.
Vielleicht wird mir ja jemand die Ohren lang ziehen.
Ich freue mich auf jeden Fall.

Zur Weihnachtszeit: Umwege zum Licht

«Fahren wir noch den Umweg», hatte meine Mutter gesagt, und mich zum Wunder geführt.

Der Umweg, das waren ein paar hundert Meter weiter in Richtung Waldrand, wo zwei riesige Tannen mit Lichtern geschmückt waren. Die eine war in weißes Licht gekleidet, die andere trug ein buntes Farbenkleid.

Es war nicht das erste Mal, dass ich diese Bäume sah. Von unserem Wohnzimmer aus, wenn ich mich ganz in die Ecke ans Fenster stellte, sah ich sie auch. Und es war mein Ritual, sie vor dem zu Bett gehen nochmals anzuschauen.

Da standen sie in voller Größe.

Ich weiß noch genau, wie es sich anfühlte. Wie ich mich wunderte. Nicht, wie sich Erwachsene wundern, wenn ihnen etwas nicht einleuchtet, sondern wie ein Kind sich wundert. Offen das Wunder spüren. Es reflektieren und selber erstrahlen.

Wir fuhren die Bus-Schlaufe der Endstation in unserem blauen Simca 1100, und hätte uns jemand gesehen, wäre dieser Jemand mit einem aus dem Fenster strahlenden Kindergesicht beschenkt worden, das sich ihm direkt ins Herz gesenkt hätte.

Jetzt bin ich dieser Jemand. Ich stehe im Außen und schaue mich an in meiner Erinnerung, sehe das Kindergesicht, sehe dieses Strahlen, und es senkt sich mir ins Herz.

Manchmal schaue ich in den Spiegel und sehe das Gesicht von damals. Dann lächeln wir gemeinsam.

Das Feeling, das ich damals empfand, habe ich heute

noch. Das innere Lächeln auch. Und zwar, wenn Bewegung fließt.

Ich praktiziere viele Bewegungs-Methoden, könnte man meinen. Eigentlich bewege ich mich einfach so, wie es meine Gesamtheit gerade braucht. Jede Art der Bewegung schenkt mir etwas ganz Eigenes. Fließende Bewegung, sei sie frei, sei sie mit dem Label Taiji oder Qigong, schenkt mir dieses lächelnde Feeling. So wie wir damals eine kreisförmige Bewegung gefahren sind, bewegt mich diese Art der Bewegung in Kreisen und Spiralen. Was dadurch entsteht, ist diese eigene Art des Offenseins.

Die Verbindung von Stille und Bewegung, die sich als Eines offenbaren. In diesem Einen kommt das Licht zur Welt.

Mich fließend zu bewegen ist wunderbar. Nachzukosten, wie ich bewegt werde und die Erinnerung gegenwärtig wird, ist das Wunder.

Eine Bewegung in der Stille. Das ist für mich Weihnachten.

Immer noch mehr in dieser Stille ankommen, aus welcher die Fülle geboren wird. Das ist für mich Advent.

Offen sein in einer Welt, die mir Wunderbares schenkt.

Und vielleicht einem Kind in der Weihnachtszeit eine Erinnerung schenken, die es das Leben lang im Herzen trägt.

Danke für den Umweg.

Am Fluss zu Hause sein

Unter der Werkstatt fließt ein Gewässer, ein Bach möchte man sagen, doch für manche ist dies eine Untertreibung, ein Fluss sagen daher andere, und man mag es ihnen nicht verübeln. Das eine ein wenig untertrieben, schließlich ist jenes unbesagte Gewässer schon lange unterwegs, durch Ebenen und Wälder ist es präsent und hat diese schon entscheidend mit geprägt, daher, und aus rein erzählerischen Gründen, neige ich dazu, es Fluss zu nennen, auch wenn sicher Übertreibung dabei ist, und vielleicht auch etwas Nostalgie, man mag dem Erzähler Wunschdenken unterstellen, doch es ist mehr ein Empfinden als ein Denken, auch wenn es in der momentanen Hitze mehr ein Rinnsal ist, um sachlich zu bleiben. Es fühlt sich an wie ein Fluss. Was immer noch nur etwas über den Erzähler aussagt und nichts über das Gewässer. Item.

Ich wohne nah an jenem Flüsschen – ein Kompromiss, könnte man meinen, die Bezeichnung, nicht das Wohnen, doch die paar Kilometer von mir zur Werkstatt schwemmen das Diminutiv definitiv hinweg, jedenfalls gefühlt, und über den Versuch einer Definition sind wir eigentlich schon hinweg.

Also. Ich wohne nah, jogge regelmäßig ihm entlang in die andere Richtung, Richtung Bach demnach, demnach nicht bachab, wo die Werkstatt läge, er gehört zu meinem Leben, überall ist er, unausweichlich.

So fließt er unter der Stätte meines Wirkens durch. Schaut man aus dem Fenster, steht man genau in seiner Laufbahn. Als ich kürzlich aus dem Fenster schaute, konnte ich zwei wunderbare, tiefblaue Schmetterlinge bewundern, wie sie sich umkreisten, eine einzige Dynamik, ein Tanz.

Lange schaute ich zu. Ich habe jedoch noch andere Aufgaben in der Werkstatt, als Schmetterlinge zu bewundern. Darum schaute ich auch mal wieder weg. Als ich wieder mal schaute, waren sie immer noch da. Und als ich dann später wieder mal schaute, waren sie es nicht mehr.

Ich hatte zu jener Werkstatt-Zeit einen unersetzlich schönen Arbeitsweg eben jenem Fluss entlang, durch den Wald und Wiesen und ein Tal fast ohne Mobil-Empfang, an heißen Sommer-Abenden mit dem Fahrrad durch gefühlte zwölf Millionen Mikro-Insekten hindurch und an gezählten neun Kühen vorbei. Da hält man besser den Mund, wegen den Insekten, bei den Kühen besteht weniger Verschluck-Gefahr, aber ich war ja auch meist allein auf dem Weg, da hielt ich tendenziell ohnehin den Mund.

Als ich ein paar Tage nach meinen lepidopterologischen Erkundungen nach Hause fuhr, ich hatte sie schon beinahe vergessen, sah ich das Schmetterlingspaar ein paar hundert Meter flussaufwärts wieder und erinnerte und freute mich. Es hätte natürlich auch ein anderes Paar sein können. Um die Geschichte zu wahren und fortführen zu können, gehe ich davon aus, dass es dasselbe war, sonst wäre diese Geschichte noch viel früher fertig, als sie es in Kürze ohnehin schon sein wird. Denn wie viele es dieser wunderbaren, tiefdunklen Schmetterlingspaare, die in ihrem Tanz am Fluss und ihrer Farbe so wunderbar an das Golden River Logo, welches die Werkstatt-Tür zierte, erinnern, gibt, weiß ich nicht. Ich sehe immer nur eines.

Jedenfalls, ich freute mich.

Ein paar Tage später sah ich es wieder, jetzt schon einen Kilometer weiter Fluss aufwärts.

Ich freute mich.

Da kam mir doch tatsächlich der Gedanke, der meine Freude in Angst und Sorge wandelte: Ach, die beiden, haben denn die kein Zuhause? Sogleich wurde ich mit Erkenntnis zurück zur Besinnung geprügelt: Der Fluss ist ihr Zuhause.

Ich freute mich.

Zuhause sein, wo der Fluss fließt. Nicht an einem statischen Ort. Einfach beim Fluss. Wo auch immer. Nicht alleine, sondern zusammen tanzend.

Dieses Bild hat sich mir eingeprägt. Es beseelt mich. Die Boten des Subtilen haben mich tief berührt.

Am Fluss zu Hause sein. Wo auch immer.
Das nehme ich mit auf meine Reise.

Und so ist diese Geschichte schon fertig, obwohl sie

so episch begonnen hatte.

Für den Moment habe ich genug von mir erzählt. Zumindest für die absehbare Zeit. Ich halte den Mund, um die Hände frei zu haben. Es zeigt sich nach dreißig Jahren fließen, dass eine neue Qualität von Fluss in mir Heimat findet... Und du?

Wir treffen uns am Fluss.

Postludium: Nur der Wind

«Bist du verliebt?», hatte sie mich gefragt. Meine Frau.

Immer. Ins Leben. Oder jedenfalls machmal. Aber sie hatte einen Grund zu fragen.

Ich hatte Taiji gefilmt, für das Online-Angebot, und jetzt musste eine Musik her. Und ich mache meine Musik selber. So etwas in der Art Crouching Tiger, Hidden Dragon sollte es sein, also das Equipment rausgepackt und ran an die Sache. Man beginnt einfach mal zu spielen, irgendwie, jedenfalls ich, wenn man komponiert, machmal auch nicht, schon mit einer konkreten Melodie oder Akkord-Folge im Kopf (oder Herzen), was hier aber nicht der Fall war, darum einfach mal spielen. Und so entstanden Akkord-Folgen und Linien, die irgendwie tigerhaft klangen, aber auch sehr, sehr pathetisch und kitschig, wie ein Teil aus einer Sinfonie von Anton Bruckner, nicht dass ich meine Musik wirklich mit der Musik des gnädigen Herrn Bruckner vergleichen würde, hör dir seine Sinfonien unbedingt an, aber reserviere dir etwas Zeit dafür. Ich hatte ein wenig im Neo-Romantischen geschwelgt, mich daran erlabt, als von meiner Frau die berechtigte Frage kam.

Völlig anachronistisch also, nicht ihre Frage (das zwar irgendwie auch), sondern die Musik, aber als Filmmusik geht alles durch.

Trotzdem, ich komponierte dann ein anderes Müsigli für die Taiji-Form, ein bisschen E-Gitarren und Flöte hier und da und blingbling, nichts, was auffällt. Die schwelgerische Musik ließ mich aber nicht mehr los.

Ich muss die Dinge jedoch rechtfertigen können,
wenn ich sie in die Welt setze, ich bin nicht einer, der
sagt, das ist Kunst, und damit ist alles gerechtfertigt.
Also komponierte und arrangierte ich die Musik an einem sehr, sehr windigen Tag zu Ende, und ich machte
es so, dass die Musik aus sehr viel Windspiel auftaucht
und sich aufbaut, bevor sie wieder im Wind verschwindet.

Der Wind ist mein Element, wenn ich das so sagen
darf, also, wo Wind ist, fühle ich mich aufgehoben, jedenfalls manchmal.

Alles, was ich jetzt noch brauchte, waren tatsächliche Aufnahmen von Wind, und es war also einer dieser glücklichen Zufälle, die andere auch Synchronizität
nennen, dass es wirklich ein sehr, sehr windiger Tag
war, wie schon gesagt. Also schnappte ich mein Au-
dio-Aufnahmegerät und mein Fahrrad und fuhr gen
Wald, wo ich würde Windes- und Waldesrauschen
aufnehmen können, jeder Baum hat seinen eigenen
Klang, wunderschön. Ganz ohne Rechtfertigung ging
ich. Die hatte ich immer noch nicht, und es würde sie
immer noch für eine Veröffentlichung brauchen.

Ich wusste auch bereits, dass Wind aufnehmen weit
über der Kapazität meines Gerätes lag, aber trotzdem,
ich wollte es versuchen, darum kann man die Windbö-
en auf der Aufnahme auch für Meeresrauschen halten,
was mich gar nicht stört, du wirst am Ende wissen warum.

Als ich also durch den Wind mit meinem Fahrrad

zum Wald fuhr, fuhr ich an einem großen, unüblicherweise schwarzen Stein vorbei, einem recht großen Stein, möchte ich anfügen, um die Vorstellung zu konkretisieren, wie ein Tisch der Stein. Ich war schon oft an ihm vorbei gekommen, jetzt aber war es anders.

Dieses Mal war es anders.

Weil da waren Rosen neben dem Stein. Rote Rosen, schwarzer Stein, wie ein Altar. Friedlich für sich, mitten in der Wiese neben dem Feldweg.
Man konstruiert sich dann Geschichten, ich jedenfalls ertappte mich dabei, vielleicht hatte jemand seine Katze hier beerdigt.

Ich fuhr unbehelligt weiter, unerleuchtet könnte man sagen, ab in den Wald, Windesrauschen aufnehmen, im Klangbad wissend, dass mein Gerät nicht mal die Hälfte davon zurückbringen würde.
Als ich zurück fuhr, kam ich wieder am Stein vorbei, und da saßen zwei Frauen in Klappstühlen,

alte Frauen,

ich meine, *alt,*

steinalt wie Jahrhunderte, Jahrtausende fast,

so richtig in sich eingesackt, sitzend eigentlich das falsche Wort, kauernd fast, wie der Crouching Tiger, aber weit entfernt davon, kinetische Energie gespeichert zu haben und plötzlich wie eine Sprungfeder aus den Stühlen zu springen, selber mehr wie graue Steine, wie können sie immer noch atmen, wunderte ich mich, wie sind sie noch lebendig, der Körper ist eine einzige Unglaublichkeit, und wo noch Atem ist, ist noch Hoffnung.

Es waren noch mehr Blumen da, der Stein noch mehr wie ein Altar, und ich fuhr weiter, wagte nicht, ihre leise Konversation zu unterbrechen um zu fragen, was sollte ich auch fragen, Was machen Sie da, Warum die Blumen, blöde Fragen, also ließ ich es sein, ich bin nicht gut mit Worten.

Ich sah zwei weitere Personen den Weg hinauf kommen, einen älteren, nicht steinalten Mann mit einem Alphorn auf dem Rücken und eine arme Frau, die ein F-Horn, auch Waldhorn genannt, tragen musste, eines der dümmsten Instrumente, wenn es ums Tragen geht, man muss intensiv zur Seite neigend kompensieren, Waldhorn also, wunderschöne Klänge, wie die Hörner, die in meinem Musik-Stück am absoluten dramatischen Höhepunkt auch drei Töne spielen dürfen, zusammen mit den Posaunen und der Tuba. Zum Glück trug die Frau keine Tuba, die ist noch unpraktischer zu tragen als das Horn, und die Tuba hätte auch weder zu dieser Frau noch zum ganzen Setting gepasst. Sie sah denn auch aus, als würde sie es nicht mehr weit schaffen, aber es war auch nicht mehr weit bis zum Stein-Trio, und ich fragte – wieder – mich, ob dies, da es zu Zeiten der Pandemie war, als die Kirchen noch vollständig geschlossen waren, ob diese zwei alten Frauen und andere, die vielleicht in Kürze dazu stoßen würden, vielleicht auch nicht, vielleicht gab es nicht mehr von ihnen als die zwei, jemanden verloren hatten, ob das eine Gedenkfeier war, und die zwei Frauen hatten sich schon mal einen Platz geschnappt quasi, in dieser wunderbaren Landschaft, in diesem wunderbar warmen Wind, die Klänge der Hörner würden hinweggetragen werden von diesem Wind, zu neuen Ländern, neuen Horizonten, und vielleicht die stillen Tränen dieser Frauen ebenso, wenn sie noch welche übrig hatten, der Körper wird ja trockener im Alter, und wenn nicht, würde der Wind ihre Stille hinweg tragen, und ich verdrückte selber ein paar Tränen über diese Geschichte, wahr oder nicht, und ich wusste, warum ich diese Musik komponiert hatte. Weil das Leben kostbar ist. Das Leben ist kostbar. Jeder kleine Moment. Jede Brise des Windes. Jede Erinnerung.

Und die Musik, selbst wie der Wind immer entfliehend, fließend, ist vielleicht das beste Ausdrucksmittel dafür. Ich bin extrem dankbar, dass ich komponieren kann. Für Orchester zu komponieren, wie ich es für *Only the Wind* getan habe, ist ein physischer Akt, ich musste es dirigieren um es zu komponieren, ein kleines Rallentando vor dem Höhepunkt, dann ein wenig schneller, 76 Schläge statt 72, und dann, mit dem Verklingen wieder langsamer werdend, noch langsamer sogar als am Anfang, subtilste Bewegungen, die das Bewusstsein nicht wahrnimmt, aber die eine Emotion tragen und vermitteln, ich liebe subtile Bewegungen.

Wenn ich wirklich, wirklich alt bin, Jahrtausende fast, und ich mich wundere, wie ich immer noch atmen kann, wie das Geschenk des Atems mich immer noch belebt, in einem Stuhl eingefallen, wenn alles, was noch bleibt der Wind auf meiner Haut ist und eine Lebensspanne voller Erinnerungen, werde ich das Leben in Musik feiern. Den ganzen Reichtum, die unglaubliche Tiefe des menschlichen Lebens, meine größten Momente und meine größten Tiefpunkte, die Freude und die Trauer, die Gewinne und die Verluste, mein Stolpern und Aufstehen, welches auch das Stolpern und Aufstehen der Menschheit ist... Vielleicht werde ich dann aber auch einfach still sein. Weil die Stille die größte Fülle aufnehmen und auch weitergeben kann, ich werde ein Hörender sein, ein Empfangender, und vielleicht würde diese Stille als scheitern interpretiert werden, weil ich konsequenterweise nicht viel dazu sagen würde.

Und jemand würde am schwarzen Stein mit den Rosen zu den zwei letzten Menschen, die ihre Erinnerungen an mich in ihren gekrümmten Gestalten in ihren selbst mitgebrachten Stühlen an einem windigen Sommertag noch in ihren Herzen tragen würden, sagen, während zwei andere in ihre Hörner bliesen, drei Töne reichten:

Er hat es immerhin versucht.

Er hat es immerhin versucht.

Die Uralten würden lächeln. Denn sie wüssten: Und das reichte.

Und einige Zeit später, wenn auch die letzten Herzen, die mich noch in sich getragen hätten, gegangen wären, fortgetragen ins Hier, würde sich nicht einmal mehr der Wind an uns erinnern, und nur er würde noch wehen.

Vielleicht würden wir in ihm uns wieder vereinen, und das noch mehr, als wir je vereint waren, als wir noch springende Tiger und in Menschengestalt vermummte Drachen waren. Denn vielleicht ist das weiße Murmeln des Windes die Vereinigung aller Lieder, die je gesungen wurden, von allen stillen Momenten, die je geflüstert wurden, von allen Worten, die nie gesagt wurden. Und der Wind, nie müde werdend, den Globus zu umspannen, würde dieses Murmeln über die Länder und Horizonte zum Meer tragen. Wo es sich mit dem anderen weißen Murmeln verbindet,

dem ersten Lied der Menschheit,

dem Lied der Wellen.

Der Erzähler

Martin Schmid
befindet sich seit 1988 auf dem Weg mit Taiji, Qigong, Yoga, Push Hands, Meditation und Kontemplation und unterrichtet seit 1996. Das Praktizieren und Unterrichten über Jahrzehnte hat ihm viel Erfahrung mit dem Potenzial, aber auch den Grenzen dieser Bewegungsformen eingebracht. Er entwickelte seine Praxis und sein Angebot kontinuierlich weiter, um zu einer dem Westen entsprechenden Form der Bewegungs-, Wahrnehmungs- und Erkenntnis-Schulung zu kommen. Dazu gehört auch, dass er den klassischen Weg des Unterrichtens hinter sich gelassen hat. Er ist Initiator der MOVEMENT ADVENTURES und hat mit integraler Bewegung und RIVERS fundierte Bewegungssysteme entwickelt, die vor allem Möglichkeitsräume eröffnen, in denen sich nicht nur physische Bewegung, sondern der ganze Mensch entfalten kann.

Alle Infos zum aktuellen Angebot, zu weiteren Büchern und Martins Log-Einträge gibt's auf
www.integralmovement.ch

Weitere Gedichte, Erzählungen und Episoden gibt es auch auf www.pilgrimonline.ch

Weitere Bücher/eBooks von Martin Schmid

Das Buch der Bewegung
Überarbeitete und erweiterte Auflage
ISBN 978-3-906318-35-6

Reise zum Unmöglichen
ISBN 978-3-906318-27-1

Integraldynamik
ISBN 978-3-9524161-3-6

Die Rhythmen integraler Bewegung
ISBN 978-3-906318-36-3

Umi
Eine Hinführung zur einfachen Meditation
ISBN 978-3-906318-24-0

Einige der Gedichte sind zu finden in M. Schmid,
Zu leuchtenden Steinen
ISBN 978-3-9524161-0-5

Buch von Lukas Semmelwein (Eingangszitat)
Wie Herr René zur Poesie kam: Festschrift im Auftrag
der Herr René-Stiftung HRS zu ihrem eigenen Jubiläum
ISBN 978-3-906318-02-8

Das Lied der Wellen, auf das sich der Schluss von *Nur der Wind* bezieht, ist zu finden in *Reise zum Unmöglichen*, im Kapitel *Realität verändert*. In *Reise zum Unmöglichen* ist auch die Episode *Ganz. Wenig reicht* aus dieser Sammlung enthalten.

Only the Wind aus der Episode *Nur der Wind* ist zu hören auf der EP von Martin Schmid mit demselben englischen Namen. Überall da, wo es Musik gibt.